R

54067

ESSAI

SUR LA

PHILOSOPHIE DE HEGEL,

PAR

J. WILLM,

INSPECTEUR DE L'ACADÉMIE DE STRASBOURG, ETC.

——◆——

PREMIÈRE PARTIE. — INTRODUCTION.

(EXTRAIT DE LA REVUE GERMANIQUE, ANNÉE 1835.)

STRASBOURG,

Chez F. G. LEVRAULT, imprimeur-libraire,

rue des Juifs, n.° 33.

PARIS,

Même maison, rue de la Harpe, n.° 81.

1836.

STRASBOURG, DE L'IMPRIMERIE DE F. G. LEVRAULT.

ESSAI

sur

LA PHILOSOPHIE DE HEGEL.

On peut se livrer à l'examen d'un système de philosophie dans un double but : soit dans un but purement scientifique, par curiosité seulement pour le connaître, et pour se rendre par là-même plus apte aux travaux philosophiques ; soit dans un but humain, dans l'intérêt de l'humanité et de la vérité. A tout auteur de système nouveau, ou prétendu tel, on peut adresser deux questions. Celle-ci d'abord : qu'avez-vous fait pour la science ? qu'a-t-elle gagné à vos recherches ? de quelles découvertes nouvelles l'avez-vous enrichie ? La méthode que vous proposez et que vous avez suivie, est-elle autre que celle de vos devanciers, est-elle meilleure et plus sûre ? Et ensuite cette autre question plus grave : que sont devenues entre vos mains les croyances et les espérances du genre humain ? Quelle solution nouvelle proposez-vous aux énigmes du sphinx ? Qu'est devenue par vos méditations la croyance d'un Dieu personnel et vivant, d'un Dieu juste et bon, sage et fort ? Que devient, selon vous, l'espoir d'une vie future et meilleure, suite et complément de celle-ci, d'une vie de compensation et d'infini développement ? Qu'avez-vous fait de la liberté et de la dignité de l'homme ? Avez-vous laissé à la vertu sa beauté et sa réalité ? En un mot, avez-vous affermi nos convictions, dissipé nos doutes, confirmé nos espérances et accru le trésor de nos consolations en même temps que celui de notre savoir ?

Avant d'interroger ainsi une philosophie nouvelle dans l'intérêt de l'humanité, il faut d'abord l'examiner comme science.

Tel sera le plan que nous suivrons dans l'exposé que nous essaierons de présenter de la philosophie de Hegel. Nous commencerons par donner l'historique de cette philosophie avec quelques détails sur la vie de l'auteur et sur les ouvrages qu'il a publiés. Ensuite nous chercherons à pénétrer dans son esprit, à la suivre dans sa marche et dans son développement. Enfin, nous lui demanderons dans quel état elle a laissé les grandes questions dont la solution intéresse le plus vivement l'humanité.

Nous ne sommes ni du nombre des partisans de Hegel, ni de celui de ses détracteurs. Trop éloigné du théâtre où se combattent ses disciples enthousiastes et ses ennemis passionnés, étranger à tous les intérêts qui, chez les uns comme chez les autres, se mêlent peut-être à l'intérêt de la vérité, nous examinerons son système sans faveur et sans haine ; mais le culte que nous professons pour le génie, et plus encore la persuasion où nous sommes que toute philosophie, quelle qu'elle soit, doit contribuer au triomphe définitif de la vérité, que toute philosophie est un fragment de la philosophie universelle, nous disposeront plus à faire ressortir dans la sienne tout ce qui paraîtra bon et utile, qu'à relever ses défauts ; heureux si nous parvenons à la saisir dans son véritable esprit et à la faire comprendre à nos lecteurs.

Nous avons long-temps reculé devant l'immense difficulté qu'offre l'étude de ce système, surtout pour des lecteurs français, et plus d'une fois, en essayant de rendre dans notre langue les résultats de notre examen, nous avons eu lieu de nous repentir d'avoir contracté un engagement que nous ne pourrons encore remplir que très-imparfaitement. Telle est en effet l'obscurité de la philosophie de Hegel, lorsqu'on commence à y pénétrer, qu'en Allemagne même des hommes vieillis dans l'exploration des profondeurs de la métaphysique, avouent sans peine qu'ils ne la comprennent pas, et que non-seulement des adversaires, tels que le savant professeur Bachmann de Iéna, mais encore des disciples dévoués se sont fait accuser d'avoir mal compris une doctrine que les uns attaquent avec animosité, et que les autres professent avec enthousiasme. Nous nous appliquerons à mettre dans notre exposé autant de clarté qu'en comporte la matière, et nous ferons de notre mieux pour être compris de tous ceux qui voudront nous suivre avec quelque attention, et qui ont quelque habitude du langage et des discussions philosophiques. Mais nous avons besoin de toute la patience et de toute l'indulgence de nos lecteurs. La partie la plus aride en apparence de notre travail en est précisément la plus importante, et ce ne sera qu'à travers ces sentiers âpres et parfois ténébreux que nous pourrons conduire ceux qui nous suivront, au sommet de la science, du haut duquel ensuite la vue pourra réjouir leurs regards.

Ce qu'un des disciples les plus distingués de Hegel a dit de la spéculation métaphysique en général, s'applique plus spécialement à celle de son maître. « Un homme qui se livre à la spéculation philosophique, dit M. Gœschel[1], est semblable à un animal qu'un mauvais génie fait circuler sur une aride bruyère, tandis que tout autour brille un vert et gras pâturage. Rien n'est aussi nécessaire à la pensée spéculative que l'abstraction, non l'abstraction de tout contenu, mais celle de l'être immédiatement donné, afin de pénétrer à l'être qui *donne*, à la source de toute existence. Mais cette abstraction est pleine de difficulté et d'amertume. Il faut se résoudre à dire adieu pour quelque temps à ses foyers; il faut partir, remonter le fleuve de la vie; loin des féconds et rians rivages de l'existence vivante; il faut monter toujours plus haut, et plus on avance ainsi, plus autour de vous tout devient désert et silencieux. Il faut renoncer à soi-même, faire taire tous ses sentimens. Le chemin est long, et plus d'un est mort ou tombé de lassitude avant d'arriver au terme de ce laborieux pélerinage, d'autres se sont égarés de la route; d'autres encore, plus heureux, s'en sont retournés de ce pays étranger et inhospitalier, et, revenus à la vie immédiate, se sont reposés dans la foi. »

« Ainsi que tout homme individuel, ajoute le même auteur, n'apprend à se connaître qu'avec peine et très-imparfaitement,

---

1 *Hegel und seine Zeit*, p. 1 (Berlin, 1832).

de même le temps présent ne se connaît jamais tout-à-fait, et n'est bien et complètement compris que par l'avenir. Il y a surtout dans chaque époque un moment qui d'abord échappe à toute analyse complète, et c'est là précisément *le moment dialectique* [1] qui renferme le principe d'un développement ultérieur. Or, l'esprit du siècle se résume principalement dans la philosophie, et c'est ce qui explique pourquoi la philosophie du temps a plus que toute autre chose le sort d'être ignorée ou méconnue du plus grand nombre. Telle a été plus particulièrement la destinée de la *philosophie de notre temps*, parce qu'elle a poussé au plus haut point l'abstraction. Son chemin est rude et plein d'aspérités, son commencement difficile, son terme placé à une hauteur qui donne le vertige, et qui manque de toute base donnée; sa forme est encore âpre, parce qu'elle est inaccoutumée; son langage nouveau, comme la chose qu'il exprime, et son mouvement aussi pesant que sûr. C'est ainsi qu'il arrive que le temps ne reconnaît que difficilement sa propre production, que le père méconnaît son enfant, qu'il semble même le répudier, bien que déjà l'esprit de la philosophie nouvelle ait commencé à déborder sur toutes les parties du savoir, et à rompre toutes les digues qui s'opposent à son influence. »

Sans admettre que la philosophie de Hegel soit par excellence *la philosophie de notre temps* quant au mouvement général de l'esprit humain, et même sans lui accorder d'être la dernière expression de la philosophie allemande au dix-neuvième siècle, on ne peut s'empêcher de lui reconnaître une haute importance. Une chose est incontestable : cette philosophie a vivement remué et occupe encore vivement les esprits en Allemagne. Depuis vingt ans, depuis que, nouvel Achille, Schelling, refusant de combattre, s'était retiré sous sa tente, et qu'il s'était enveloppé dans un

1 Voilà une de ces expressions qu'on ne pourrait bien expliquer sans remonter au principe même de cette philosophie, et qui en rappelle tout l'esprit. Elle s'expliquera plus tard, ainsi que plusieurs autres. Le mot *moment* doit être pris constamment dans son acception étymologique (de *moveo*, mouvoir). Dans ce sens, c'est le point dans le temps où s'accomplit un mouvement, principe d'un développement ultérieur.

superbe silence, Hegel, s'élevant au-dessus de tous ses rivaux, régna presque sans partage sur l'Allemagne intellectuelle. Il rencontra sans doute une vive et formidable opposition ; mais cette opposition était elle-même un hommage rendu à sa puissance. Tous ses adversaires, ceux-là du moins que la passion n'aveuglait point, et qui n'avaient pas à défendre contre lui les intérêts d'un chef rival, tout en le combattant, reconnaissaient sa supériorité, et voyaient en lui un de ces hommes qui n'apparaissent que de loin en loin pour se placer à la tête d'un grand mouvement philosophique, pour imprimer une direction nouvelle à l'esprit humain. Hegel fut, de l'aveu de tous, amis et ennemis, l'un des coryphées de la philosophie moderne, et l'une des puissances intellectuelles les plus remarquables de notre âge.

Pour appeler sur ses travaux l'intérêt universel, il n'est pas nécessaire de voir en lui, avec ses disciples enthousiastes, l'auteur infaillible d'une philosophie complète et définitive, dont il ne s'agisse plus que de développer et d'appliquer les doctrines : une telle philosophie ne sera jamais qu'un idéal dont on pourra s'approcher plus ou moins, mais qu'il n'est donné à personne de réaliser entièrement. Pour recommander Hegel aux hommages et à l'étude de ses contemporains et de la postérité, il suffit qu'il se soit placé au nombre de ces puissans génies qui, selon l'expression de Platon, se transmettent de main en main le flambeau de la science ; il suffit pour cela qu'il ait été un des plus brillans anneaux de cette *chaîne d'or* que les anciens rattachaient à Hermès, et qui se prolongera jusqu'à la fin des siècles ; qu'il ait été un des plus heureux successeurs de Descartes, de Leibnitz, de Kant, de Fichte et l'émule de Schelling.

A tous ceux qui s'intéressent aux révolutions de l'esprit humain, à tous ceux qui savent quelle influence la philosophie exerce sur les autres parties de la science et sur les destinées de l'humanité ; à tous ceux qui voudront comprendre pleinement l'esprit de leur siècle, il n'est plus permis d'ignorer le système de Hegel. Ce système n'a pas seulement influé puissamment sur la marche de la philosophie en Allemagne ; toutes les branches du savoir ont été plus ou moins modifiées par lui, et long-temps encore en subiront l'empire. Or, une grande nation ne saurait recevoir une telle impulsion sans la communiquer à tous ses voisins. Les mouvemens intellectuels, quelles que soient les différences de langage et d'esprit qui séparent les peuples, ne s'arrêtent jamais aux frontières, si bien gardées qu'elles soient ; ils débordent toujours : la commotion électrique, tout en s'affaiblissant, se prolonge au loin ; il importe de la comprendre et de savoir remonter à son origine.

En essayant de nous faire l'interprète de cette philosophie, nous ne nous dissimulons aucune des difficultés de notre entreprise ; et peut-être, si nous n'avions écouté que les conseils de notre amour-propre, nous y aurions renoncé, et nous aurions laissé à d'autres tous les risques d'un travail où il est si facile d'échouer, et qui, s'il réussit, trouvera peu de justes appréciateurs. Mais nous avons droit de compter sur l'indulgence de ceux qui sont en état de juger en cette matière. Ce que nous donnerons cette fois, ne sera qu'un premier essai ; nous nous réservons de revenir plus tard sur notre œuvre, et d'en faire sous une autre forme l'objet d'une publication nouvelle. Nous avons d'autant plus le droit de faire cette réserve, que tous les ouvrages de Hegel ne sont pas publiés, que sa pensée n'est pas encore connue dans toute son étendue. Nous pourrons profiter alors et des conseils de la critique et des nouveaux développemens que cette pensée aura reçus dans la vive et savante polémique dont elle est l'objet, et dans les nouvelles applications qui en auront été faites aux autres sciences.

§. I.

VIE ET OUVRAGES DE HEGEL.

Notre intention n'est pas de donner ici une biographie complète de ce philosophe, mais seulement de rappeler les faits les plus remarquables de sa vie. Cette vie, d'ailleurs, offre peu d'événemens : elle est presque tout entière dans ses travaux et emprunte tout son intérêt à la noble cause à laquelle elle fut consacrée.

George-Guillaume-Frédéric HEGEL vit le jour le 27 Août
1770 à Stuttgart, dans la capitale de cette partie des États allemands qui, toutes proportions gardées, a produit le plus grand
nombre d'hommes célèbres dans les lettres et les arts, qui a
donné à l'Allemagne Wieland, Schiller, Schelling, Dannecker et
Uhland. Son père, secrétaire de la chambre ducale, lui fit prendre
part à cette instruction classique, qui alors surtout distinguait
la jeunesse de Wurtemberg, et qui demeura toujours la base de
ses études.

A dix-huit ans Hegel se rendit à l'université de Tubingue
pour y étudier la philosophie et la théologie. Entré au séminaire
théologique, il fut pendant quelque temps le compagnon de chambre
d'un étudiant destiné à une grande illustration, et qui déjà, dans
l'enthousiasme de la jeunesse, concevait le projet d'une philosophie nouvelle. Schelling, quoique de plusieurs années plus jeune
que son ami Hegel, le devança dans la carrière et s'illustra long-
temps avant lui. Hegel fut le disciple de Schelling avant de devenir
son rival. Selon le témoignage d'un de ses partisans les plus distingués [1], Hegel se souvint toujours avec plaisir de ses anciens
rapports avec son illustre émule, et n'en parlait jamais à ses amis
les plus intimes qu'avec un vif intérêt et avec une satisfaction
mêlée de regrets.

Bien que dès-lors Hegel rapportât toutes ses études à la philosophie, il consentit d'abord à marcher sous une autre bannière
que la sienne; et quoique le hasard l'eût fait naître quelques années
avant son jeune compagnon, sa pensée ne devait se montrer
dans toute son originalité et toute son indépendance qu'après
s'être nourrie de celle de Schelling.

C'était une grande et décisive époque que celle où Hegel commença ses hautes études philosophiques. Le grand Fréderic venait
de descendre dans la tombe; il avait, ainsi que presque tous
les rois ses contemporains, ainsi que Charles III, Joseph II et
Catherine II, appliqué les idées philosophiques au gouvernement,

---

1 M. Gans, dans sa Nécrologie de G. W. F. Hegel, *Vermischte Schriften*
(Berlin, 1834), tome II, p. 242.

mais sans leur permettre de toucher à sa prérogative et de discuter ses pouvoirs, tandis qu'en France ces mêmes idées menaçaient le trône d'une ruine imminente. En même temps que la philosophie pratique exerçait ainsi sa redoutable puissance, la philosophie théorique subissait en Allemagne une réforme radicale; le dogmatisme, déjà ébranlé par le subtil scepticisme de Hume, succombait sous la critique du philosophe de Kœnigsberg. Les trois *Critiques* de Kant avaient paru coup sur coup. Entraîné dans l'irrésistible mouvement que les événemens de l'ouest, et la philosophie nouvelle qui surgissait dans le nord, imprimaient aux esprits en Allemagne, Hegel se décida de bonne heure à chercher dans les travaux philosophiques l'activité propre à son génie; et quand, dans les dernières années du dix-huitième siècle, Fichte apparut tout à coup avec un grand éclat sur l'horizon, Schelling et Hegel furent un instant ses partisans, mais déjà préoccupés de l'idée de le devancer et de faire œuvre par eux-mêmes.

Hegel passa cinq années à l'université de Tubingue, se nourrissant principalement de l'étude des ouvrages de Kant et de Platon. Après avoir, à l'âge de vingt ans, mérité le grade de docteur en philosophie, désireux de voir le monde, il accepta les fonctions de précepteur d'abord en Suisse, puis à Francfort-sur-le-Mein.

Au commencement du dix-neuvième siècle, la mort de son père le mit en possession d'un modique héritage, qui lui permit de reprendre son indépendance, et de suivre son ami Schelling à l'université de Iéna, qui depuis plusieurs années était devenue le principal foyer de la philosophie en Allemagne. Reinhold, l'un de premiers esprits du second ordre, y avait enseigné avec éclat jusqu'en 1794; Fichte lui avait succédé, et y était demeuré jusqu'en 1799, et Schelling, qui déjà s'était séparé de Fichte, l'avait remplacé dans sa chaire.

Il paraît que ce fut principalement dans l'intention d'associer sa pensée à celle de son ami, que Hegel se rendit à Iéna. Pour obtenir le droit de faire des cours publics, il écrivit sa disserta-

tion latine des *Orbites des Planètes* [1], et bientôt après il publia
son premier ouvrage philosophique : *De la Différence du Système de Fichte et de celui de Schelling* [2]. Dans cet ouvrage il
exaltait, aux dépens de la philosophie de Kant et de Fichte, celle
de Schelling, avec lequel il s'unit pour la publication du *Journal
critique de la philosophie*. L'écrit le plus remarquable qu'il in-
sérât dans ce recueil, est celui qui est intitulé : *De la Foi et du
Savoir* [3], écrit qui renferme une critique ingénieuse des systèmes
de Kant, de Jacobi et de Fichte, comme n'étant tous ensemble
que des formes diverses d'une philosophie purement subjective.

Pendant ce séjour à Iéna, il eut quelques rapports avec Schiller
et Gœthe. Ce dernier, comme on peut le voir dans la correspon-
dance de ces deux poètes illustres, entrevit dès-lors le génie de
Hegel à travers les formes grossières et peu arrêtées encore dont
il était enveloppé. Mais le gouvernement de Weimar se voyait
hors d'état de faire quelque chose pour lui; et quand, enfin,
après le départ de Schelling de l'université de Iéna, en 1806,
Hegel fut nommé à sa place professeur suppléant, on ne put lui
accorder qu'un faible traitement.

Dès cette époque Hegel ne se trouvait plus satisfait de la philosophie de son ami, et il travaillait à rédiger les commencemens
d'un système nouveau et original. Ce fut au bruit du canon de
Iéna, la veille même de la bataille de ce nom, qu'il écrivit les
derniers feuillets de sa *Phénoménologie de l'esprit*, qui devait
servir d'introduction à la philosophie nouvelle qu'il méditait.[4]
Par cet ouvrage Hegel se sépara pour toujours de la doctrine de
Schelling.

Le malheur du temps, la décadence de l'université de Iéna,
et aussi le sentiment de l'impossibilité de faire justement apprécier
une philosophie qui ne se produisait encore qu'avec effort, enga-

1 *De Orbitis planetarum*, 1801.
2 *Differenz des Fichte'schen und Schelling'schen Systems*. Iéna, 1801.
3 *Glauben und Wissen*, dans la première livraison du tome second dudit
4 Cet ouvrage parut à Bamberg en 1807, sous le titre : *System der Wissenschaft* (système de la science); tome I.er : Phénoménologie de l'esprit.

gèrent Hegel à quitter Iéna et à se rendre à Bamberg, où pendant deux années il rédigea le journal politique de cette ville. On dit qu'il parut alors dans cette feuille des articles écrits avec beaucoup d'esprit et de clarté, et qui se distinguaient par une franchise et une profondeur rares dans les journaux de cette époque. [1]

Cette carrière, du reste, convenait peu à Hegel. Il accepta, en 1808, les fonctions de recteur du gymnase de Nuremberg; il s'en acquitta avec autant d'énergie que de talent. Il soumit l'école confiée à ses soins à une réforme complète, et y introduisit l'étude de la philosophie. Cet établissement a conservé un souvenir reconnaissant de son administration, et encore dans une de ses plus récentes solennités scolaires de grands éloges ont été décernés à la direction que Hegel lui avait imprimée.

Depuis 1807 jusqu'en 1812 Hegel ne donna rien au public; mais il travaillait avec assiduité à fonder son système. Il en publia la partie spéculative sous le titre de *Logique*[2], comprenant sous ce nom, avec la logique ordinaire, toute la métaphysique générale, et indiquant par là-même le caractère distinctif de sa philosophie.

L'effet que produisit cet ouvrage original, la haute portée philosophique qu'il révélait, joints au souvenir de la *Phénoménologie de l'esprit*, firent appeler l'auteur, en 1816, comme professeur de philosophie à l'université de Heidelberg. L'indépendance nationale reconquise avait rendu la vie aux universités; partout les études étaient reprises avec une ardeur et avec une confiance nouvelles. Hegel, qui n'avait renoncé qu'à regret à la carrière académique, s'empressa d'aller occuper un poste où il pouvait espérer de faire goûter sa philosophie à une partie de l'élite de la jeunesse allemande. Son attente ne fut pas trompée : des élèves de toutes les facultés se réunirent autour de lui, et malgré le peu de clarté relative avec lequel le professeur présentait encore ses idées, tous étaient frappés de leur profondeur et de

---

1 Voyez M. Gans, dans la Nécrologie de Hegel.
2 *Logik des Seyns, des Wesens und des Begriffs* : Logique de l'être, de l'essence et de la notion; 3 volumes. Nuremberg, 1812-1816.

leur originalité. Un des membres les plus savans de l'université de Heidelberg, M. Daub, professeur à la faculté de théologie, se rangea au nombre de ses partisans. La première édition de l'*Encyclopédie des sciences philosophiques*[1], que Hegel publia en 1817, acheva de le rendre célèbre dans toute l'Allemagne, et cette juste célébrité détermina le gouvernement de Prusse à l'appeler à la nouvelle université de Berlin, où Fichte, mort au commencement de l'année 1814, n'avait pas encore été remplacé. Hegel, malgré tout ce que le séjour de Heidelberg, la société d'hommes tels que Voss, Daub, Creuzer, une contrée ravissante lui offraient d'agrémens, et malgré toutes les instances du gouvernement de Bade pour le retenir, dut répondre à cet appel dans l'intérêt même de sa philosophie. Il arriva à Berlin vers l'automne de 1818, et depuis ce moment jusqu'à celui où la mort mit un terme à sa carrière, la vie de Hegel n'offrit plus d'autres événemens que le succès toujours croissant de ses leçons publiques, que sa renommée devenue européenne, que des cours sur toutes les branches de la philosophie et la publication de divers ouvrages. Il fit paraître successivement sa *Philosophie du Droit*[2], deux nouvelles éditions de l'*Encyclopédie des sciences philosophiques*, le premier volume d'une seconde édition de sa *Logique*, et plusieurs articles importans dans les *Annales de la critique scientifique*, qu'il avait fondées pour être l'organe de sa philosophie appliquée à toutes les parties de l'art de la science. Il était encore plein de force et d'énergie lorsqu'en 1831 le choléra vint s'abattre sur Berlin et le choisit pour une de ses plus illustres victimes. Hegel mourut le 14 Novembre de cette année funeste, au cent-seizième anniversaire de la mort de Leibnitz, et son tombeau, comme il l'avait désiré, fut placé à côté de celui de Fichte.

Le jour de ses funérailles fut pour lui un jour de triomphe ; tous les partis se réunirent pour reconnaître la grandeur de cette perte. Si quelques-uns de ses disciples les plus dévoués le louèrent

[1] *Encyclopädie der philosophischen Wissenschaften*; Heidelberg, 1817. Troisième édition, fort augmentée, 1831.
[2] *Grundlinien der Philosophie des Rechts*; Berlin, 1821.

avec une exagération sans exemple, si nulle grandeur historique
ne leur parut trop haute pour servir de terme de comparaison
avec celle de leur maître, on peut le pardonner à l'excès de leur
admiration et à la sincérité de leur douleur[1]. Hegel occupera
très-certainement une grande place dans l'histoire de la philosophie, qui, en réduisant tous ces éloges à leur juste valeur, y
verra du moins une preuve de l'enthousiasme que ce penseur
illustre sut inspirer à ses disciples. L'histoire frappera de la même
désapprobation et le mépris plus affecté que réel avec lequel ont
parlé de lui un petit nombre de ses adversaires[2], et les louanges
adulatrices de quelques-uns de ses adhérens, qui n'ont pas hésité
à lui attribuer toutes les qualités les plus élevées, et les mérites
divers de Platon et d'Aristote, de Spinoza et de Leibnitz, de
Kant, de Fichte et de Schelling.[3]

On dit que Hegel jouissait d'une grande faveur auprès de son
gouvernement, et nous avons souvent entendu avancer que cette
faveur se fondait principalement sur ce que sa philosophie semblait légitimer les prétentions de l'absolutisme. Mais sans examiner ici jusqu'à quel point cette accusation, qui ne s'adresserait
pas à Hegel seul, s'accorde avec le véritable esprit de sa philosophie, elle devient invraisemblable, quant à lui, lorsqu'on se rappelle que quelques-uns de ses disciples les plus avoués par lui
appartiennent à l'opinion libérale la plus avancée. On a dit encore
que Hegel abusa plus d'une fois de son influence pour repousser

1 On peut regretter toutefois le peu de mesure observé dans ces éloges.
M. Marheineke a comparé Hegel à Jésus-Christ, et M. Fœrster, au grand
Alexandre. M. Gans, dans sa Nécrologie, l'a loué avec plus de goût, mais
avec presque autant d'exagération. « Personne, dit-il, ne le remplacera. Kant
vit Fichte dans sa vieillesse, Fichte vit la jeunesse de Schelling, Schelling
trouvait à côté de lui Hegel. Hegel laisse après lui une foule de disciples
distingués, et pas un successeur. La philosophie a maintenant achevé de parcourir son cercle; et tout le progrès possible pour elle ne saurait être avant
tout qu'un développement d'une matière donnée, d'après la methode si nettement et si clairement marquée par l'illustre mort. »

2 Par exemple Kauc, dans l'article qu'il a consacré à Hegel dans son *Dic-
tionnaire philosophique.*

3 Entre autres Mussmann, dans sa dissertation : *De Idealismo* ; Berlin,
1826, in-4.°

des chaires de philosophie des hommes de talent qui se mon-
traient hostiles à son système, et pour y faire appeler des sujets
dont le plus grand mérite aurait été leur enthousiasme vrai ou
simulé pour le maître.

Que Hegel ait favorisé ses partisans, lorsqu'il leur croyait du
mérite, rien ne serait plus naturel, plus excusable même; qu'il
se soit trompé plus d'une fois, rien de plus naturel encore. Mais
qu'il ait poussé sciemment cette prédilection jusqu'à l'injustice,
c'est là une accusation trop dénuée de preuves à nos yeux, et
trop en contradiction avec ce que nous connaissons du caractère
du philosophe, pour être admise.

Cette présomption du grand crédit de Hegel devient d'ailleurs
fort problématique, lorsqu'on se rappelle que malgré tout le
succès de ses ouvrages et de ses leçons publiques, malgré la
gloire européenne qui s'attachait à son nom, alors que déjà il
était une des plus grandes célébrités de Berlin, l'académie de
cette ville refusa constamment de l'admettre au nombre de ses
membres; « et quand, enfin, dit M. Gans, la classe philosophique
l'eut choisi, les physiciens le rejetèrent, afin de l'envoyer re-
joindre Solger et Fichte, exempt, comme eux, de dignités aca-
démiques. »

De l'aveu même de ses admirateurs, Hegel manquait dans ses
leçons publiques et dans sa conversation de cette facilité et de
cette abondance d'élocution qui, sans doute, sont souvent l'apa-
nage de la médiocrité, mais qui certes ne sont pas inutiles même
avec du génie. Il faut d'autant plus s'étonner de ses succès, qu'ils
n'étaient pas dus aux charmes de l'éloquence, aux séductions
de la parole, et que les matières qu'il traitait, étaient plus ar-
dues et plus étrangères aux affections des jeunes intelligences.
Il fallait donc qu'il y eût dans cette philosophie et même dans
la manière de son auteur quelque chose de bien puissant, pour
captiver à ce point les esprits, malgré son peu d'éloquence, et
malgré ce que sa méthode avait de pénible. « Quiconque, dit
M. Gans, avait une fois pris goût à la profondeur et à la soli-
dité de ses leçons, qui perçaient à travers les difficultés de l'ex-

position, était comme entraîné de plus en plus et retenu pour jamais dans un cercle magique, par l'évidence de ses démonstrations, et par l'énergie de ses inspirations du moment. »

Nous acceptons encore volontiers comme un éloge, ce que ce même panégyriste de Hegel nous dit sur lui, comme homme de société. « Dans son commerce intime, dit-il, et dans la société, la science n'apparaissait point ; il n'aimait pas à s'en parer ; elle ne franchissait pas la salle académique et le cabinet. En le voyant occupé de petits intérêts humains, gai et se jouant dans un cercle d'amis, on ne se serait guère douté quel rang élevé cet homme, en apparence si simple, occupait dans le monde de la pensée. Il préférait, à Berlin surtout, la conversation des gens du monde à celle des savans. » Mais nous avons vainement cherché dans les notices qui nous sont parvenues sur ce grand philosophe, rien qui ressemble à cette haute simplicité qu'on admire dans Kant, ni à cet ardent amour de la patrie et de la liberté qui éclate dans la vie de Fichte. C'est, nous nous plaisons à le croire, plutôt la faute de ceux qui ont écrit sur sa vie, que celle de leur héros. Espérons que bientôt une biographie détaillée, écrite sans haine comme sans faveur, inspirée seulement par le désir de montrer tout ce que renferme de plus caractéristique une individualité si remarquable, nous initiera dans sa vie la plus intime, et nous peindra Hegel sous toutes les faces, et comme homme, et comme sage, et comme citoyen. Il est si doux et si heureux d'aimer et de vénérer ce qu'on estime et ce qu'on admire.

On vient de voir que les seuls ouvrages importans, publiés par Hegel lui-même, sont : la *Phénoménologie de l'esprit ;* la *Science de la logique*, dont il n'eut pas le temps d'achever la seconde édition ; trois éditions de l'*Encyclopédie des sciences philosophiques*, et la *Philosophie du Droit*. Mais il s'en faut que ce soient tous les ouvrages qu'il destinait à l'impression ; il en préparait plusieurs autres que la mort seule l'a empêché d'achever. On sait que plusieurs de ses disciples se sont réunis pour donner au public une édition complète de ses œuvres. Cette édition se composera de dix-sept volumes, dont onze ont paru. En voici le contenu :

Le tome Ier, publié par M. Ch. L. Michelet, renferme les *Dissertations philosophiques*, écrites par l'auteur dans les années de son alliance avec M. de Schelling, c'est-à-dire depuis 1801 jusqu'en 1803. Elles sont au nombre de quatre : 1.° *De la Foi et du Savoir*, ou la philosophie de réflexion de la subjectivité ; c'est, comme nous l'avons dit, une critique des systèmes de Kant, de Jacobi et de Fichte, considérés du point de vue de Schelling ; 2.° *De la différence du système de philosophie de Fichte et de celui de Schelling ;* 3.° *Du rapport de la philosophie de la nature à la philosophie en général ;* c'est une défense de la philosophie de Schelling contre Reinhold principalement, qui l'accusait d'être incompatible avec la moralité et la religion ; 4.° *Des diverses manières de traiter le Droit naturel comme science ;* de la place qui lui appartient dans la philosophie pratique, et de son rapport au droit positif. [1]

Le tome II, publié par le Dr J. Schulze, reproduit la *Phénoménologie de l'esprit*, ouvrage dans lequel, comme on l'a déjà dit, Hegel se sépara formellement de Schelling, et que l'on doit considérer comme une introduction à la philosophie proprement dite de l'auteur. Cette nouvelle édition de la *Phénoménologie* est conforme à l'édition originale, sauf la révision faite par Hegel des vingt-cinq premières pages de la préface, et quelques corrections purement grammaticales de l'éditeur.

Les tomes III, IV et V renferment la *Science de la logique*, publiée par le Dr Léopold de Henning ; le premier volume, d'après la seconde édition, revue et corrigée par l'auteur ; les deux autres, d'après la première édition, la mort étant venue interrompre la révision de cet ouvrage important.

Les tomes VI et VII renfermeront l'*Encyclopédie des sciences philosophiques*, d'après la troisième édition qui a paru en 1830.

---

1 *Ueber die wissenschaftlichen Behandlungsarten des Naturrechts, etc.* Toutes ces dissertations, à l'exception de la seconde, qui parut séparément, furent d'abord insérées dans le *Journal critique de la philosophie.*

Cet ouvrage est comme le résumé de toute la philosophie de Hegel; ses autres écrits n'en sont en quelque sorte que le commentaire et le développement.

Le tome VIII contient la *Philosophie du Droit*, avec une préface de M. Ed. Gans et un grand nombre de notes et d'additions, tirées des cours donnés par l'auteur sur cette matière en 1823 et en 1825.

Le même éditeur publiera dans le tome IX la *Philosophie de l'histoire*, d'après les leçons publiques de Hegel. Ses leçons sur l'*Esthétique*, revues par le D.' H. Hotho, formeront le tome X de la collection.

Les volumes XI et XII, revus par le D.' Phil. Marheinecke, contiennent les leçons sur la philosophie religieuse, avec un traité des preuves de l'existence de Dieu.

Les tomes XIII, XIV et XV sont consacrés à l'histoire de la philosophie, rédigée par M. Michelet, d'après les cours faits par Hegel à l'université de Berlin, en 1824, 1826 et 1830.

Enfin, les tomes XVI et XVII, sous le titre d'Œuvres mêlées, se composent de quelques articles peu étendus, insérés dans le *Journal critique de la philosophie*, de discours et de critiques.

Tous ces ouvrages, comme on voit, ne sont ni d'une égale importance, ni d'une même authenticité. Pour saisir la pensée véritable de Hegel, on ne pourra pas puiser avec une entière confiance dans tous ces volumes. Il faudra surtout s'en tenir aux écrits qu'il a publiés lui-même. La critique aura à séparer ce qui vient directement et sans altération du maître, d'avec les additions et les commentaires de ses disciples; mais l'histoire rendra justice au zèle pieux avec lequel ils se sont empressés d'ériger à leur chef un monument, qu'attendent encore vainement jusqu'à ce jour ses illustres devanciers, Kant et Fichte.

§. II.

DE LA PHILOSOPHIE EN GÉNÉRAL.

Pour ceux qui, en Allemagne, avaient suivi avec attention et intelligence la marche de la philosophie depuis Kant, les ouvrages dans lesquels Hegel commença à se séparer de son ami, M. de Schelling, et à exposer son propre système, pouvaient bien offrir quelques obscurités; mais ils étaient tout naturellement préparés à comprendre plus ou moins complétement cette métamorphose nouvelle de l'esprit philosophique.

Toute l'histoire de la philosophie, depuis ses premiers commencemens parmi les Grecs jusqu'à ses derniers développemens modernes, forme un ensemble dont aucune partie ne peut être détachée et prise isolément, sans perdre de sa valeur et sans cesser d'être parfaitement intelligible. Tout y est lié, tout y est enchaîné comme dans l'histoire politique, comme dans l'histoire de la civilisation. Les époques les plus originales et les plus indépendantes en apparence ont subi l'influence de celles qui les ont précédées, et ne peuvent s'expliquer entièrement que par celles qui les ont suivies. A plus forte raison, les doctrines philosophiques qui appartiennent à une même époque, les écoles et les systèmes d'une commune origine et d'un commun langage, alors même qu'ils se combattent, ne peuvent-ils bien s'expliquer que les uns par les autres. Ainsi, chez les anciens, Platon se comprend mieux lorsqu'on connaît Pythagore et les Éléates, et Aristote s'explique en grande partie par Platon, Zénon par Épicure. Chez les modernes, les divers systèmes de philosophie qui se sont succédé en Allemagne depuis l'auteur de la *Critique de la raison* jusqu'à ce jour, sont indissolublement liés entre eux. Kant se rattache à Hume, Fichte relève de Kant, Schelling et Hegel relèvent tous deux de Fichte, et Hegel est sorti de Schelling.

Il semblerait donc que le meilleur moyen de préparer des lecteurs français à l'intelligence de la philosophie de Hegel, soit de leur exposer au préalable les systèmes de Kant, de Fichte et de Schelling, et de montrer comment celui de Hegel s'y rattache par une transition naturelle. Mais cette introduction historique, pour devenir réellement utile à ceux à qui elle s'adresserait, serait nécessairement d'une longueur hors de proportion avec les bornes dans lesquelles nous sommes obligé de nous renfermer. Pour le but que nous nous proposons ici, il n'est pas indispensable de suivre cette marche, et peut-être ne sera-t-il pas impossible de donner une idée suffisante de la philosophie de Hegel, en l'étudiant séparément et en l'expliquant par elle-même. Nous devons supposer d'ailleurs des lecteurs familiarisés avec les recherches et le langage philosophiques, et quelque peu initiés au génie de la philosophie allemande moderne. Toutefois nous comparerons pour les questions les plus difficiles le système de Hegel avec ceux de ses devanciers, mais seulement à mesure que ces questions se présenteront, en nous référant pour l'ensemble à nos précédens articles sur Kant, Fichte et Schelling, ainsi qu'à la traduction française de l'excellent *Manuel de l'histoire de la philosophie*, par Tennemann.

La voie la plus directe pour introduire nos lecteurs dans le système de Hegel, c'est de voir ce qu'il a dit lui-même sur la philosophie en général et sur le but qu'il s'est proposé dans la sienne. Les définitions de la philosophie ne sont le plus souvent que le système de celui qui la définit, réduit à sa plus simple expression. Aux paroles du maître sur la philosophie en général et sur la sienne en particulier, nous joindrons celles de quelques-uns de ses principaux disciples. Notre rôle à nous se bornera ici à celui de simple rapporteur. Nous ne nous permettrons de juger le système qu'après l'avoir étudié et exposé dans ses parties les plus importantes.

Hegel s'est expliqué en plusieurs occasions sur l'objet de la philosophie, principalement dans son *Encyclopédie des sciences philosophiques*, au commencement et à la fin; dans son *Histoire de la philosophie* et dans sa *Philosophie du Droit*. Il l'a tantôt définie d'une manière générale et pour ainsi dire préliminaire, tantôt d'une manière spéciale et définitive. Ses explications de la première espèce sont faciles à comprendre, bien qu'elles soient déjà pénétrées de son esprit; celles de la seconde espèce, qui résument en quelque sorte son système, ne se comprennent bien que par ses doctrines elles-mêmes.

« Ce que j'ai en général cherché dans mes travaux philosophiques et ce que je cherche encore, dit-il dans la Préface de la seconde édition de l'*Encyclopédie des sciences philosophiques*[1], c'est *la connaissance scientifique de la vérité*. C'est la route la plus difficile, mais la seule qui ait pour l'esprit de la valeur et de l'intérêt, lorsqu'une fois il s'est engagé dans les voies de la pensée, qu'il ne veut pas s'égarer dans le vide, et qu'il a conservé la volonté et le courage de la vérité; il ne tarde pas à se convaincre que la méthode seule peut dompter la pensée, la conduire dans la bonne route et l'y maintenir. »

Jusqu'ici Hegel n'a rien dit que tout autre philosophe n'aurait pu dire. Il n'y a pas de philosophe qui ne cherche la connaissance scientifique de la vérité, et qui ne reconnaisse la nécessité d'une méthode pour mettre un frein à la pensée et pour la diriger dans la poursuite de la vérité. Mais Hegel ajoute, en anticipant sur son système : « Le résultat de cette recherche méthodique ne sera autre chose que le rétablissement de ce contenu absolu au-delà duquel la pensée tendait d'abord à s'élever et qu'elle dépassait, mais un rétablissement dans l'élément le plus libre de l'esprit.[2] » Il nous serait impossible d'éclaircir dès à présent ce que ces dernières paroles paraissent renfermer d'obscur, sans intervertir le plan de notre travail. Nous y reviendrons. « Il fut un temps, heureux en apparence, continue notre auteur, et ce temps n'est pas encore très-loin de nous, où la philosophie marchait d'accord et d'intelligence avec les sciences et avec le développement général de l'esprit humain; un temps où un certain degré de lumières s'accordait avec le besoin de la réflexion et avec la religion établie, où le droit naturel vivait en paix avec l'État et la politique, et où la physique expérimentale portait le nom de philosophie de la nature. Mais cette paix n'était qu'apparente et de surface; il y avait opposition intime et dissidence réelle entre ces lumières et la religion, entre ce droit naturel et l'État. Puis il y a eu divorce formel et guerre ouverte, contradiction; mais dans la philosophie l'esprit a célébré sa réconciliation avec

1 Berlin, 1827; p. IV.

2 *Die Wiederherstellung desjenigen absoluten Gehalts, über welchen der Gedanke zunächst hinausstrebte und sich hinaussetzte, aber eine Wiederherstellung in dem eigenthümlichsten, freiesten Elemente des Geistes*; liv. c., p. v.

lui-même, de telle sorte que cette science ne s'est plus trouvée en contradiction qu'avec cette contradiction elle-même, et avec la crépissure qui devait servir à la déguiser.[1] »

Ici se révèle une des grandes prétentions de la philosophie de Hegel, celle de réconcilier la réflexion avec la religion positive, avec l'État, avec tout l'ordre politique et religieux établi.

D'abord les hommes subissaient sans opposition les croyances et les lois en vigueur. La philosophie était encore à naître ; personne ne s'enquérait pourquoi les choses étaient telles qu'elles se trouvaient être ; on admettait les idées reçues, parce qu'elles étaient reçues : époque de croyances naïves où la foi régnait sans partage. Ensuite la philosophie est venue, et dans son inexpérience, ne pouvant expliquer les choses et n'osant encore ouvertement révoquer en doute les opinions établies, elle semblait d'accord avec elles, sans l'être réellement. Il y avait paix apparente entre la réflexion et les idées reçues ; mais guerre sourde, latente et prête à éclater. Cette opposition, déguisée d'abord par une sorte de compromis tacite, ne tarda pas à faire place à une guerre déclarée : il y eut divorce formel et hautement avoué entre la réflexion et l'ordre établi. Enfin, grâce à la philosophie de Hegel, il y a eu entre la réflexion et la croyance traditionnelle, non plus seulement transaction, un traité de paix et d'alliance avec des concessions réciproques, une trève toujours près d'expirer, mais un accord plein et entier, une concordance parfaite, une réconciliation définitive. Dans la nouvelle philosophie l'esprit s'est réconcilié avec lui-même, et désormais la philosophie n'est plus en contradiction qu'avec la contradiction où l'ancienne philosophie s'était trouvée avec le développement naturel et historique de l'esprit humain.

« C'est un des mauvais préjugés, continue Hegel, de supposer que la philosophie puisse être en opposition avec une connaissance expérimentale sensée, avec l'actualité rationnelle du droit et avec une religion sincère et naïve[2]. Toutes ces formes sont

---

1 « So dass diese *Wissenschaft* nur mit jenem *Widerspruche selbst* und mit dessen Uebertünchung im *Widerspruche ist;* » Préface, p. v.

2 Gegen eine sinnige Erfahrungskenntniss, die vernünftige *Wirklichkeit des Rechts*, und eine unbefangene Religion und Frömmigkeit.

reconnues légitimes, justifiées même par la philosophie; la pensée réfléchie pénètre dans leur contenu, s'en instruit et s'en nourrit, comme des grands spectacles de la nature, de l'histoire et de l'art; car ce contenu, en tant qu'il est pensé, est l'idée spéculative même. »

Quelques autres citations de cette même Préface compléteront cette pensée fondamentale de la philosophie de Hegel.

« L'histoire de la philosophie est l'histoire de la découverte des *pensées* sur l'absolu, qui est leur objet. C'est ainsi, par exemple, qu'on peut dire de Socrate qu'il a découvert quel est le but de la philosophie, et que Platon et surtout Aristote l'ont ensuite exposé d'une manière plus complète et plus précise. [1]

« La religion est la conscience de la vérité telle qu'elle convient à tous les hommes, quel que soit le degré de leur culture intellectuelle; mais la connaissance scientifique de la vérité en est un autre mode de conscience, et exige un labeur auquel un petit nombre d'hommes seulement peuvent se livrer. La valeur intrinsèque est la même; mais tout ainsi qu'Homère dit que certaines choses ont deux noms, l'un dans la langue des dieux, l'autre dans celle des hommes, de même il y a, pour exprimer cette valeur, deux langages, le langage du sentiment, de la représentation, de la pensée emprisonnée dans des catégories finies et des abstractions partielles, et le langage de la notion concrète. » »

Hegel insiste en particulier sur cette concordance de la philosophie avec la religion. « La religion, dit-il, peut exister sans philosophie, mais non la philosophie sans religion; la religion est nécessairement renfermée dans la philosophie. » Il cite deux fois ces paroles d'un philosophe scolastique : « Il me semble que c'est une négligence, si, après avoir été confirmés dans la foi, nous ne nous appliquons pas à comprendre ce que nous croyons. [3]

« La science a sous les yeux le riche contenu que les siècles

1 Préface, p. XVII.

2 *Die Sprache des Gefühls, der Vorstellung und des verständigen, in endlichen Kategorien und einseitigen Abstractionen nistenden Denkens, und die Sprache des concreten Begriffs;* même Préface, p. XIX.

3 *Negligentiæ mihi videtur, si, postquam confirmati sumus in fide, non studemus, quod credimus, intelligere.* Anselme de Cantorbéry : *Cur Deus homo.*

de l'activité intellectuelle ont préparé, et elle ne l'a pas sous les
yeux comme quelque chose d'historique, que d'autres seulement
ont possédé, qui n'est pour nous qu'un passé, uniquement destiné
à occuper la mémoire et pour exercer la critique de l'histoire,
sans utilité d'ailleurs pour la connaissance de l'esprit et sans intérêt pour la vérité. Ce qu'il y a de plus sublime, de plus profond, de plus intime, a été mis au jour dans les religions, dans
les philosophies, dans les œuvres de l'art, sous des formes plus
ou moins pures, plus ou moins claires, souvent repoussantes....
Nous avons en abondance des formes plus ou moins pures de la
vérité dans les religions et les mythologies, dans les philosophies
gnostiques et mystiques de l'antiquité et des temps modernes. Le
contenu réel est éternellement jeune, les formes seules vieillissent. [1] »

Un des disciples les plus distingués de Hegel, mais un de ceux
qui le sont avec indépendance et discernement, M. Weisse, de
Leipzig, faisant sans doute allusion à ces paroles du philosophe
de Berlin, s'est exprimé ainsi [2] : « Un système de philosophie s'est
récemment élevé, qui, par la grandeur et l'étendue de ses prétentions, se distingue de presque tous les systèmes antérieurs.
Non-seulement cette philosophie se donne pour la seule vraie,
la seule irréfragable; prétention qui n'a rien d'extraordinaire, et
qui est plus ou moins ouvertement celle de toute philosophie
nouvelle; elle en a une autre encore, et celle-ci est plus faite
pour lui concilier la confiance que pour exciter contre elle la
défaveur, et lui est jusqu'à un certain point commune avec la
doctrine de Schelling, avec laquelle elle a d'ailleurs plus d'un
rapport. Elle prétend non pas ignorer ou combattre les systèmes
précédens, mais les expliquer; c'est-à-dire elle prétend expliquer
pourquoi en général la connaissance de la vérité a dû nécessairement se montrer parmi les hommes sous des formes si diverses
et souvent en apparence si contradictoires; et ensuite pour chaque
système en particulier, pourquoi à l'époque où il parut et dans

1 Même Préface, p. xxviii et xxxi.
2 *Ueber den gegenwärtigen Standpunkt der philosophischen Wissenschaft*,
in *besonderer Beziehung auf das System Hegels*. Leipzig, 1829, p. 1 et suiv.

les circonstances données, il a dû se présenter précisément sous la forme qu'il a revêtue. De telle sorte qu'on admet une vérité philosophique générale, peut-être très-simple, comme étant commune à tous les systèmes, antérieure à tous et leur servant à tous de base et de fondement, et qu'on cherche à montrer comment cette vérité générale devient particulière; comment dans chaque système la vérité générale est enrichie par les découvertes de son application au particulier et à l'individuel, mais comment aussi cette application, ayant été mal faite et étant sortie de ses justes limites, a conduit à la partialité et au non-vrai. De cette manière à peu près on conçoit qu'il est possible que tous les systèmes, chacun ayant saisi un côté de la vérité, se complètent les uns par les autres, et ensemble épuisent et représentent toute la vérité; on conçoit que le système le plus complet et le plus parfait sera celui qui aura découvert le secret de leur conciliation, c'est-à-dire la loi d'après laquelle l'application du général au particulier devra se modifier de telle ou telle manière, et suivre tantôt les principes de tel système, tantôt ceux de tel autre.

« D'après cela, les systèmes de Schelling et de Hegel s'annoncent, non pas tant comme le commencement, que comme l'exécution et l'achèvement de la seule philosophie possible et vraie.... Mais les promesses et les prétentions du système de Hegel vont beaucoup plus loin, et celui-ci présente à cet égard un caractère qui jusqu'ici est absolument nouveau dans l'histoire de la philosophie.

« La prétendue loi de l'application de l'idée philosophique générale au particulier, continue M. Weisse, ce moyen de concilier ensemble tous les systèmes de philosophie, peut être conçue de deux manières très-différentes. Cette loi peut être présentée d'abord comme le commencement ou le principe seulement d'elle-même, de telle sorte qu'à chacune de ses applications elle se développe, s'enrichit, se modifie, tout comme avant elle la vérité générale et première, fondement de toute philosophie, et qu'ainsi la science aurait un avenir sans bornes et serait incessamment en progrès. Telle est la manière de voir de Schelling, qui a déclaré expressément que son système n'est pas un système complet, mais seulement un fragment du système universel. [1]

« Il y a ensuite une seconde manière de concevoir cette loi suprême : c'est de la présenter non pas seulement comme virtuelle et comme principe, mais comme actuelle, comme donnée, et présente déjà dans le particulier et l'individuel, et comme le circonscrivant et le possédant actuellement, de telle sorte qu'il pourrait tout au plus être encore question d'une élaboration plus précise et plus complète des différentes parties de la science déjà connues, et nullement de productions de parties neuves et inconnues jusqu'ici.

« Telle est la prétention de la philosophie de Hegel, laquelle s'annonce comme un système complet, non pas seulement de la philosophie proprement dite et considérée comme une science distincte, mais de la science en général et de toutes les sciences. Le système de Hegel prétend avoir trouvé et posséder actuellement la vérité philosophique dans toute sa plénitude, dans toute l'acception de ce terme. Ce qu'il reste encore à faire, ce n'est pas la découverte de quelque vérité nouvelle, ou d'une vérité par laquelle celle déjà recueillie et reconnue dût être modifiée au moins en partie ; il n'y a plus de possible tout au plus qu'une

---

[1] M. Weisse cite à l'appui de son assertion les trois esquisses que M. de Schelling a données à des époques diverses de la *philosophie de la nature*. Il a publié successivement le *Projet d'un système de la philosophie de la nature* (*Entwurf eines Systems der Naturphilosophie*; Iéna, 1799); ensuite l'*Exposition du système* dans le *Journal de la physique spéculative* (*Zeitschrift für speculative Physik*, t. II, n.° 2, 1803); enfin le *Traité sur le Rapport de l'idéal et du réel dans la nature* (*Abhandlung über das Verhältniss des Idealen und Realen in der Natur*; 1806). Selon M. Weisse, il résulte de la comparaison de ces trois essais, que chaque véritable progrès de l'application du principe suprême de la philosophie a exercé une action rétroactive et a modifié les essais d'application antérieurs. Ainsi dans l'*Éclectisme* de Schelling, s'il est permis de lui appliquer cette expression, le principe général de toute philosophie existe ; mais à chacune de ses applications il se fortifie, se modifie lui-même, et en même temps modifie toutes ses applications antérieures, et ainsi à l'infini. La nouvelle philosophie qu'il se dispose à nous donner, ne sera qu'une application nouvelle, un progrès de son principe général : à force de modifier son système, il ne fera que le développer, le perfectionner. Il ne sera pas infidèle à ses précédentes doctrines ; il les modifiera pour les développer. Et ce que M. de Schelling fait quant à sa philosophie particulière, l'esprit philosophique le fait quant à la philosophie en général.

expression plus convenable de cette vérité, et une application spéculative de la méthode philosophique et de son esprit au contenu des sciences particulières. C'est à cela que l'école de Hegel s'occupe avec un zèle tel que bientôt il n'y aura plus une seule branche de quelque importance à laquelle elle n'aura fait l'application de ses principes.[1] »

Voilà ce qui explique ces paroles par lesquelles M. Gans a terminé sa Nécrologie de Hegel, et que nous avons déjà citées:

« La philosophie a maintenant achevé de parcourir son cercle, et tout le progrès possible pour elle ne saurait plus être désormais que le développement d'une matière donnée, d'après la méthode si clairement et si nettement indiquée par l'illustre mort. »

« Le système dont nous parlons, dit encore M. Weisse, s'annonce ainsi comme l'achèvement non pas seulement de la philosophie, mais de la science en général. Il se donne pour l'ensemble unique et seul possible d'abord de tous les systèmes philosophiques qui se sont élevés jusqu'à ce jour, et en second lieu de toutes les sciences, comme l'unité, la totalité organique des uns et des autres. C'est le premier système qui, tout en maintenant rigoureusement l'unité de la philosophie spéculative, n'exclut aucune science, et se déclare prêt à répondre à toute question scientifique, ou du moins en possession d'une clef dont l'usage légitime fournit infailliblement une réponse à tout; c'est le premier système qui ne se donne pas seulement pour vrai, mais pour posséder toute espèce de vérité. »

« Sur le droit, la moralité, l'État, dit Hegel lui-même, la vérité est aussi ancienne qu'exposée et proclamée dans les lois positives, dans la morale et la religion publiques. Que manque-t-il encore à cette vérité, en tant que l'esprit pensant ne se contente pas de la posséder de cette manière immédiate, si ce n'est de la *comprendre*, et de revêtir d'une forme rationnelle le contenu rationnel par lui-même, afin que ce contenu apparaisse justifié

[1] C'est ainsi, pour ne citer qu'un ou deux exemples, que M. Rosenkranz, l'un des disciples les plus laborieux de Hegel, a appliqué la philosophie de Hegel à la théologie, dans son *Encyclopédie des sciences théologiques*, et à l'histoire de la poésie, dans son *Histoire de la poésie allemande au moyen âge*.

aux yeux de la pensée libre et volontaire, qui ne se contente pas de ce qui est donné, soit dans l'autorité extérieure et positive de l'État, soit dans l'assentiment universel du genre humain, soit enfin dans l'autorité du sentiment et du cœur, appuyée du témoignage immédiat de l'esprit, mais qui part d'elle-même, et qui, à cause de cela, veut se savoir intimement unie à la vérité. [1] »

Nous ne craignons pas de multiplier les citations. C'est par là seulement que nos lecteurs pourront s'assurer que c'est bien réellement la philosophie de Hegel que nous leur présentons, et ce sera en même temps le meilleur moyen de les initier dans l'esprit de cette philosophie.

Pour compléter ce que nous avons déjà cité sur les hautes prétentions du système de Hegel, nous transcrivons encore ce qu'il a dit lui-même sur l'objet de l'histoire de la philosophie.

« Ce que l'histoire de la philosophie nous offre, dit-il [2], c'est la série des nobles esprits, la galerie des héros de la raison pensante, qui, par la vertu de cette raison, ont pénétré dans l'essence des choses, de la nature et de l'esprit, dans l'essence de Dieu, et qui nous ont acquis par leurs travaux le trésor le plus précieux, le trésor de la connaissance rationnelle. Tandis que dans l'histoire politique éclate partout l'action individuelle, que les individus, chacun selon leur naturel, leur génie, leurs passions, l'énergie ou la faiblesse de leur caractère, sont les auteurs de leurs actions ; dans l'histoire de la philosophie, au contraire, la personnalité a moins de part aux événemens, et les productions y sont d'autant plus excellentes qu'elles sont moins l'ouvrage des individualités et qu'elles sont plus celui de la pensée libre, de la pensée humaine considérée comme caractère général de l'humanité.

« Les actions de la pensée nous apparaissent d'abord comme faits historiques, comme appartenant au passé et comme étrangers à notre actualité. Mais en effet, ce que nous sommes, nous le sommes en même temps historiquement ; ou, pour parler plus

---

[1] *Grundlinien der Philosophie des Rechts*; Préface, p. VI.
[2] *Vorlesungen über die Geschichte der Philosophie*, tome Iᵉʳ, p. 11 et suiv. (édition de M. Michelet, tome XIII des Œuvres complètes).

exactement, de même que, dans l'histoire de la pensée, le passé
n'en est qu'une face, de même ce qui dans nous est impérissable
est indissolublement uni à ce que nous sommes historiquement.
Toute cette part de conscience rationnelle dont nous sommes
actuellement en possession, n'est pas née uniquement du sol du
présent : c'est surtout un héritage, fruit des labeurs de toutes
les générations qui nous ont précédés. Tout ainsi que les arts
de la vie, la masse des moyens et des aptitudes, les institutions
et les usages de la vie sociale et politique, sont le résultat des
méditations et des inventions, des nécessités et des misères, de
l'esprit et de la volonté du passé; de même ce que nous sommes dans
la science et spécialement dans la philosophie, nous le devons à
la tradition qui, à travers tout ce qui est passager et passé, forme,
comme s'est exprimé Herder, une chaîne sainte, et nous a conservé et transmis ce que les générations éteintes ont amassé.

« Mais cette tradition n'est pas seulement une ménagère éco-
nome qui se contente de garder fidèlement le dépôt qui lui a été
confié pour le transmettre intact aux races futures : elle n'est pas
semblable au cours de la nature qui, dans la variété et le mouvement infinis de ses phénomènes et de ses formations, se meut
invariable et sans progrès dans les limites de ses lois primitives.
La tradition n'est pas une pétrification immobile ; elle est pleine
de sève et de vie, pareille à un puissant fleuve qui s'enfle et
grossit à mesure qu'il s'éloigne de son origine.

« Le contenu de cette tradition est tout ce qu'a produit le monde
spirituel, et l'esprit, en général, ne s'arrête pas. Une nation prise
à part peut bien être stationnaire dans les arts, dans les sciences.
Mais l'esprit du monde ne se repose pas ainsi dans l'indifférence.
Sa vie est l'action. Cette action a une matière donnée qui en est
l'objet, matière qu'elle n'accroît pas seulement, mais qu'elle élabore
et transforme [1]. Ce que chaque âge a produit et amassé de tré-

---

1 C'est-à-dire l'esprit n'ajoute pas seulement connaissance à connaissance,
comme par une sorte de juxta-position; mais à mesure que les connaissances
anciennes sont enrichies par de nouvelles, elles sont en même temps modifiées
et transformées. Chaque progrès, en ajoutant aux richesses déjà acquises, a
sur elles un effet rétroactif qui les modifie et les épure. Ce n'est pas un simple

sors spirituels, est un héritage auquel tout le passé a contribué, un sanctuaire où toutes les générations humaines ont déposé avec joie et reconnaissance tout ce qui les a conduites à travers la vie, tout ce qu'elles ont tiré des profondeurs de la nature et de l'esprit. Cet héritage constitue l'ame de la génération nouvelle, sa substance spirituelle, ses maximes, sa richesse intellectuelle, ses préjugés, et en même temps que cette succession est acceptée, elle est métamorphosée et améliorée par l'esprit, conservée et enrichie....

« En nous appropriant la science traditionnelle, nous en faisons autre chose que ce qu'elle était, quelque chose qui nous est propre. Notre philosophie ne naît que par celle qui l'a précédée, et elle en est sortie nécessairement. Ainsi l'histoire de la philosophie ne nous raconte pas l'origine et les destinées des choses qui nous soient étrangères, mais notre propre origine, la naissance et le développement de notre propre science....

« Ce que l'histoire de la philosophie mettra sous nos yeux, ce sont les actions de la pensée libre; c'est l'histoire du monde intellectuel, l'histoire de la pensée, se cherchant et se découvrant elle-même. La pensée a ce caractère particulier, qu'elle ne se trouve qu'en se produisant, qu'elle n'existe réellement qu'en se trouvant. Ses productions, ce sont les philosophies.... La pensée qui est essentiellement pensée, est absolue, est éternelle. »

———

Si maintenant, avant de pénétrer plus avant dans le système, nous résumons ce que nous venons d'exposer, nous aurons les résultats suivants :

Jusqu'à l'avènement de Hegel, la philosophie, ou la pensée réfléchie et méthodique, était en contradiction avec la science, les croyances et les lois positives et traditionnelles; en d'autres termes, l'esprit était en contradiction avec l'esprit. Dans la philosophie nouvelle, l'esprit a célébré sa réconciliation avec lui-même. Cette philosophie se prétend d'accord, quant au fond, avec les croyances naïves et les traditions, avec tout l'ordre po-

_____

dépôt, une substitution; c'est un legs fait à condition de l'augmenter et de l'améliorer.

litique et religieux établi ; elle a reconnu et proclamé l'identité essentielle des résultats de la pensée libre et volontaire, et de ceux de la pensée naturelle et spontanée.

Il y a surtout accord entre cette philosophie et la religion. La religion et la connaissance scientifique ont une égale et identique valeur intrinsèque : ce sont deux modes différens d'avoir conscience de la même vérité, et qui ne diffèrent entre eux que comme deux langages exprimant les mêmes idées en d'autres termes. La philosophie est la religion comprise, la foi raisonnée.

Il y a plus : la philosophie de Hegel reconnaît dans toutes les philosophies antérieures des formes plus ou moins pures de la vérité, des formes vieillies d'un contenu toujours jeune, de la vérité éternelle.

Dans l'histoire de la philosophie, l'action individuelle se fait beaucoup moins sentir que dans l'histoire politique ; elle y est moins libre et plus dépendante de la marche providentielle et progressive de l'esprit humain en général.

Ce que nous sommes, même dans ce qu'il y a en nous de plus essentiel et de plus individuel, nous le sommes en grande partie historiquement ; notre philosophie, toute notre science, est surtout le produit des siècles passés, un héritage des générations qui nous ont devancés. La tradition nous a faits ce que nous sommes ; mais en nous assimilant sa substance, nous la transformons, et en l'élaborant, nous y ajoutons des élémens nouveaux. Toutes les philosophies sont également le produit du même esprit ; mais cet esprit est sans cesse en progrès, et avec chaque nouveau progrès il fait un retour sur le passé, et l'enrichit en le modifiant.

L'histoire de la philosophie est l'histoire de la découverte progressive de la vérité ; c'est l'histoire de la pensée libre et méthodique, appliquée à comprendre et à expliquer les productions spontanées de la pensée naturelle.

Cependant, tout dans ces productions n'est pas également bon, également vrai. Il y faut distinguer les formes du fond, les principes généraux de leur application, et il faut faire la part

des individualités et celle de l'esprit universel. C'est à cette condition que les systèmes du passé sont le dépôt de toute vérité sur
le droit, sur l'État, sur la moralité, sur la religion. Il s'agit
uniquement de trouver une règle suprême, d'après laquelle, par
un éclectisme transcendant et universel, on puisse reconnaître
la vérité partout, et la dépouiller des formes variées qu'elle a
revêtues selon la diversité des temps et des lieux.

Or, la philosophie de Hegel se prétend en possession d'une
règle pareille, d'une loi générale dont l'application fait partout
reconnaître la vérité dans le particulier, d'une formule universelle et infaillible de conciliation, d'une symbolique qui s'exerce
avec un égal succès sur toutes les philosophies, sur toutes les
mythologies, sur toutes les productions de l'esprit humain; d'un
principe, enfin, qu'il suffit de bien appliquer pour concilier toutes
les différences, pour résoudre toutes les disharmonies et pour
rétablir partout l'accord et l'unité.

Ainsi, cette philosophie ne prétend pas seulement expliquer
les productions de la pensée, comme on explique des faits, des
phénomènes; mais elle les soutient vraies pour le fond, et veut
en tirer toute la vérité qu'elles renferment. Ensuite elle ne prétend pas seulement reconnaître la vérité dans le passé; mais elle
déclare la posséder pour tout l'avenir, ne laissant aux penseurs
futurs d'autre soin que de la détailler, de l'élaborer, de l'appliquer
et de la revêtir de formes nouvelles. Enfin, elle ne se dit pas
seulement en possession de la vérité philosophique tout entière;
elle se donne encore pour la régulatrice de toutes les sciences,
qu'elle prétend ramener toutes à l'unité.

De si magnifiques promesses méritent sans doute d'être exami-
nées : si elles ne sont pas toutes nouvelles, elles sont toutes d'une
haute importance. La suite de nos recherches montrera jusqu'à
quel point le système que nous étudions les a réalisées.

§. III.

VUES DE HEGEL SUR L'HISTOIRE DE LA PHILOSOPHIE.

« Les vues de tout système sur l'histoire de la science à laquelle il se rapporte, sont le jugement le plus certain de ce système, la mesure exacte de ses principes. » Cette proposition de M. Cousin [1] s'applique avec le plus de vérité à la philosophie, et plus spécialement à la philosophie de Hegel.

Dans l'impossibilité où nous sommes d'aborder directement l'étude de son système, réduit à y pénétrer par une voie détournée, nous nous servirons encore pour cela du moyen que nous offrent ses *Leçons sur l'histoire de la philosophie*. Non-seulement Hegel a jugé, plus même qu'il ne convient à l'historien, toutes les doctrines du passé d'après la sienne; non-seulement ses *Leçons sur l'histoire de la science* sont surabondamment pénétrées de l'esprit de son système à lui, mais encore toute sa philosophie se dit issue de l'histoire, et prétend en avoir recueilli l'héritage. Notre intention n'est pas de faire ici la critique de ses *Leçons*, ou d'examiner jusqu'à quel point les révolutions de la philosophie y sont fidèlement retracées : ce qui nous occupera surtout, ce sont les vues de l'auteur sur les systèmes antérieurs, les rapports qu'il établit entre eux et le sien. Quand nous aurons compris comment Hegel ne voit dans toutes les philosophies du passé qu'une préparation à la sienne, il nous sera plus facile de comprendre et de juger cette philosophie elle-même.

Déjà dans le paragraphe précédent nous avons donné une idée générale de la manière dont le philosophe de Berlin envisage l'histoire de la pensée. Ce que nous donnons ici n'en sera que le développement, selon les propres paroles de l'auteur.

Ouvrez les anciens historiens de la philosophie, Diogène Laërce, Stanley, Brucker, Tennemann, etc. ; que nous offrent-ils? Les uns ne voient partout que des individus et des écoles, des faits isolés et des groupes de faits; les autres, tout en enchaînant les faits et les systèmes, et tout en les jugeant d'après quelque doc-

[1] Préface de la seconde édition des *Fragmens*, p. LII.

trine contemporaine, voient partout antagonisme et division, tendances diverses et hostiles. Il en est tout autrement de Hegel:
pour lui l'esprit philosophique, le génie humain est *un*; dans sa
marche à travers les siècles, toutes ses directions, en apparence
si diverses, tendent sans cesse à la même fin; il s'avance dans
une progression ininterrompue, subissant des métamorphoses, mais
toujours identique au fond, vers un même but fatalement prédé-
terminé. Hegel jugera toutes les philosophies d'après la sienne; il
croira pouvoir le faire sans danger, puisqu'il les admet toutes, et
il ne craindra pas de les représenter telles qu'elles furent, puisque
dans toutes il verra le développement de l'esprit universel, revêtant
de formes diverses un même contenu et une même vérité.

Lorsqu'au mois d'Octobre 1816, Hegel ouvrit à Heidelberg son
cours d'histoire de la philosophie, il s'exprima ainsi:

« L'esprit universel (*der Weltgeist*) était dans ces derniers
temps trop occupé de la réalité, pour rentrer en lui-même et
pour se recueillir; maintenant que la nation allemande a reconquis
sa nationalité, fondement de toute *vie vivante*[1], nous pouvons
espérer qu'à côté de l'État l'Église se relèvera, qu'à côté de l'empire
du monde on songera de nouveau au règne de Dieu; en d'autres
termes, qu'à côté des intérêts politiques et d'une réalité vulgaire,
refleurira enfin la science, le monde libre et rationnel de l'esprit.

« Nous verrons dans l'histoire de la philosophie que dans les
autres contrées de l'Europe, où les sciences sont cultivées avec
zèle et autorité, il ne s'est plus conservé de la philosophie que
le nom, que tout souvenir, que l'idée même en a péri, et qu'elle
n'existe plus que chez la nation allemande[2]. Nous avons reçu de
la nature la mission d'être les conservateurs de ce feu sacré,
comme aux Eumolpides d'Athènes avait été confiée la conserva-
tion des mystères d'Éleusis, aux habitans de Samothrace celle d'un

---

1 *Der Grund alles lebendigen Lebens.*

2 On peut douter que Hegel, en prononçant ces paroles, connût ce qui se
passait alors en France et en Écosse; sans quoi il faudrait en conclure que
ni M. Royer-Collard, ni M. de Gérando, ni M. Maine de Biran, ni M. La-
romiguière à Paris, ni Dugald-Stewart, ni Thomas Brown à Édimbourg,
n'étaient des philosophes aux yeux de M. Hegel.

culte plus pur et plus élevé; de même que plus anciennement encore l'esprit universel avait donné à la nation juive la conscience que ce serait d'elle qu'il sortirait renouvelé. »

Nous ne relèverons pas ce que ces paroles peuvent renfermer de faux, d'absurde même : c'est l'esprit de Hegel, le sens de sa philosophie que nous cherchons à connaître. Continuons :

« J'ai consacré ma vie à la science, ajoute l'orateur; je me félicite de pouvoir vous y introduire. J'espère mériter et obtenir votre confiance; mais tout ce qu'il m'est permis aujourd'hui de vous demander, c'est que vous apportiez à nos leçons de la confiance en la science, et de la confiance en vous-mêmes. Le courage de la vérité, la foi en la puissance de l'esprit, telle est la première condition de la philosophie. L'homme, étant esprit, peut et doit s'estimer digne de ce qu'il y a de plus élevé; il ne saurait avoir une trop haute idée de la vertu de son esprit. La nature intime et cachée de l'univers n'a pas une force qui puisse résister au courage de la connaissance : il faudra bien qu'elle s'ouvre à lui, et qu'elle offre à ses yeux et à sa jouissance ses richesses et ses profondeurs. »

Telle est la substance de la première leçon de philosophie de Hegel à Heidelberg, et en même temps le début de son histoire de la science.

Voici comment ensuite notre philosophe explique la nécessité d'une introduction à cette histoire :

« Rien n'est plus juste que de demander qu'une histoire quelconque rapporte les faits sans partialité et sans autre intérêt que celui de la vérité. Mais c'est là un lieu commun qui ne mène pas loin; car nécessairement toute histoire est étroitement liée à l'idée qu'on se fait de son objet. Cette idée détermine le choix des faits à recueillir et les points de vue sous lesquels il convient de les classer. Ainsi il peut arriver que, selon l'idée qu'on se forme d'un État, tel lecteur, dans l'histoire de tel pays, ne trouve absolument rien de ce qu'il y cherchait. C'est ainsi que dans telle histoire de la philosophie on trouvera peut-être tout autre chose que ce qu'on regarde comme philosophie.

« Dans toute autre histoire le sujet est déterminé à l'avance, au moins quant à l'essentiel; mais la science de la philosophie a cela de particulier, que l'on se fait sur son objet les opinions les plus divergentes. Or, si l'idée de ce qui doit être l'objet d'une histoire n'est pas arrêtée, cette histoire elle-même sera sans consistance.

« Il y a plus : s'il existe des idées différentes de la science philosophique, l'idée véritable peut seule vous mettre en état de comprendre les ouvrages des philosophes qui ont travaillé dans ce sens. Lorsqu'il s'agit de pensées, il ne suffit pas de saisir le sens grammatical de leur expression. On peut avoir acquis une connaissance historique des opinions des philosophes, on peut s'être beaucoup occupé des argumens sur lesquels se fondent leurs assertions, sans en avoir l'intelligence. Aussi possédons-nous des histoires de la philosophie volumineuses, savantes même, auxquelles manque une seule chose : la connaissance de la matière qu'elles ont si longuement exposée. [1] »

De ces considérations Hegel conclut à la nécessité de faire précéder l'histoire de la philosophie d'une introduction destinée à établir l'idée de la science dont il s'agit de retracer les transformations successives. Mais ici l'embarras est grand. En effet, exposer l'idée de la philosophie d'une manière scientifique, c'est faire un traité de la philosophie même. Ce n'est qu'en apparence que la notion de la philosophie en est le commencement; cette notion, placée en tête, ne se trouve que par tout l'ensemble de la science et ne se trouve qu'à la fin. Hegel déclare en conséquence, que dans son introduction on devra supposer l'idée de la philosophie comme accordée à l'avance; que ce qui y sera dit sur l'histoire de la philosophie devra être considéré moins comme pouvant être établi tout d'abord, que comme un résultat que l'histoire même justifiera. C'est une sorte d'argument placé en tête, une indication sommaire de ce qui va suivre. [2]

Nous allons donner un extrait de cette introduction remar-

1 *Hegel's Vorlesungen über die Geschichte der Philosophie, herausgegeben von K. L. Michelet*; tome I.ᵉʳ, p. 7.

2 *Hegel's Vorlesungen*, etc., tome I.ᵉʳ, p. 9.

quable, en nous servant, le plus qu'il nous sera possible, des propres expressions du professeur. Presque tout y est caractéristique, et jette une vive lumière sur la philosophie que nous étudions.

L'intérêt de cette histoire est surtout dans la connexité intime de ce passé *apparent*[1] avec l'état actuel de la philosophie. Cette connexité est ce qui exprime essentiellement la destination de l'histoire de cette science. Les faits qui la constituent ne se perpétuent pas seulement, comme tous les événemens, dans les effets qui en découlent, mais ils sont productifs d'une manière toute particulière. Voilà la pensée fondamentale des leçons de Hegel sur cette partie des sciences historiques : c'est elle qu'il se propose principalement de développer dans son introduction.

L'histoire de la philosophie est l'histoire de la raison pensante, pénétrant dans l'essence des choses. Ses productions sont d'autant meilleures qu'elles sont moins l'ouvrage de la pensée individuelle. Ces productions ne sont pas seulement à considérer comme des faits historiques. Ce que nous sommes, nous le sommes devenus par l'histoire, par la tradition, qui ne se borne pas à nous transmettre les trésors amassés par les siècles : elle s'enrichit à mesure qu'elle avance à travers les âges, et en se perpétuant et se communiquant elle se modifie et se transforme. En acceptant son héritage, nous y ajoutons et nous l'améliorons. C'est de là qu'il arrive que notre philosophie ne peut exister que dans un rapport intime avec la précédente, et qu'elle en sort nécessairement. Mais elle n'en sort pas d'une manière passive ; ce n'est pas un simple mouvement dans le milieu du temps et de l'espace. Le spectacle qui se présente à notre imagination, ce sont les actions de la pensée libre, c'est l'histoire du monde des pensées, l'histoire des faits par lesquels il s'est produit.

C'est par la pensée que l'homme est supérieur à la brute. Tout ce qui est humain, n'est humain que par la pensée ; donc ce qu'il y a de plus noble, de plus excellent, c'est la pensée s'occupant d'elle-même, se cherchant et se trouvant elle-même. Or,

1 *Dieser scheinbaren Vergangenheit*, tome I.ᵉʳ, p. 11.

l'histoire de la philosophie est l'histoire de la découverte de la pensée par la pensée.

Mais la pensée qui est essentiellement pensée, est absolue, éternelle. Ce qui est véritablement, n'est contenu que dans la pensée, et n'est pas vrai seulement aujourd'hui et demain, mais indépendamment de tout temps. Comment donc le monde de la pensée aurait-il une histoire? Ce sera la première question que nous aurons à examiner. En second lieu, outre la philosophie, il existe une foule d'autres productions intellectuelles, telles que les religions, les arts et les sciences, les constitutions politiques, etc. Il faudra donc voir quels sont les rapports de ces autres productions avec la philosophie. Il faudra ensuite, avant d'entrer dans les détails, se procurer une idée générale de l'ensemble, de peur de ne pas voir la philosophie au milieu de tant de philosophies diverses.

En conséquence l'introduction traitera :

I. De l'idée de l'histoire de la philosophie, de son importance et de son but. Le point le plus intéressant de ces recherches sera de montrer comment l'histoire de la philosophie devient elle-même la philosophie.

II. De la notion même de la philosophie, afin d'y trouver la mesure de ce qui doit être admis dans son histoire et de ce qui en doit être exclu; des rapports de la religion et des autres sciences avec la philosophie proprement dite.

III. De l'histoire de la philosophie considérée dans son ensemble comme un tout organique, et de sa division.

Hegel dédaigne de parler de l'utilité de cette étude, ainsi que de ses différentes méthodes; mais pour se conformer à l'usage, il consent à traiter en passant des sources de cette histoire.

I. IDÉE DE L'HISTOIRE DE LA PHILOSOPHIE.

La première pensée qui se présente ici, c'est que cette expression : *histoire de la philosophie*, implique contradiction. En effet, le but de la philosophie est la vérité, et la vérité est éternelle. La vérité n'a point d'histoire, puisque l'histoire ne porte que sur ce qui est variable, ce qui est passé. Pour mieux comprendre le sens de cette contradiction, il faut d'abord distinguer entre l'histoire des destinées extérieures d'une science et celle de son objet lui-même. Il faut considérer ensuite que l'histoire de la philosophie a un caractère tout particulier, et qui ne se retrouve dans celle d'aucune autre science.

Le christianisme a une histoire de son établissement, de sa propagation, de ses institutions; mais comme religion, comme doctrine, elle n'en a point en elle-même; l'histoire de la doctrine chrétienne n'est que l'histoire de ses applications, de sa corruption et de sa réforme. De même il y a une histoire de la philosophie, de ses commencemens, de ses progrès parmi les hommes, de sa décadence et de sa renaissance, de ceux qui l'ont enseignée ou combattue, de ses rapports avec les religions établies et avec les États : c'est là une histoire tout extérieure de la philosophie et nullement de son objet.

Les autres sciences ont aussi une histoire quant à leur contenu. Ce contenu s'est en grande partie conservé et transmis intact; le reste est abandonné ou modifié; le tout s'accroît avec le temps. En général, les sciences s'accroissent par juxta-position : les faits s'ajoutent aux faits, les connaissances aux connaissances, et le plus souvent leur histoire se borne à enregistrer les additions.

« L'histoire de la philosophie ne présente ni la permanence d'un contenu donné, et auquel rien ne puisse s'ajouter, comme la religion de l'Évangile; ni la simple augmentation de trésors acquis, comme les sciences physiques et mathématiques. Elle ne paraît, au contraire, nous offrir que de continuels changemens du tout, changemens et variations qui finissent par n'avoir plus même un but commun qui les unisse. A la fin c'est l'objet lui-même, la connaissance rationnelle, qui disparaît, et la science se voit réduite à partager avec le néant la prétention et le nom devenu vain désormais de la philosophie. [1] »

Après ces observations, qui ne font que poser la question sans la résoudre, notre auteur discute les diverses méthodes, qu'il

1 *Vorlesungen über die Geschichte der Philosophie*, tome I.er, p. 22.

appelle vulgaires, de traiter l'histoire de la philosophie. Il s'élève
d'abord contre ceux qui n'y voient qu'un assemblage d'opinions
philosophiques, pâture d'une curiosité oisive, ou tout au plus de
l'érudition, un moyen d'exercer la pensée. Rien de plus inutile,
selon lui, de moins intéressant, quelque grand qu'en soit l'objet,
qu'une simple galerie d'opinions. Il nie qu'il y ait des *opinions
philosophiques* [1]. Les opinions sont purement subjectives; la philosophie est la science objective de la vérité, la science de sa nécessité, la connaissance qui comprend [2]. D'autres, avec une intention plus marquée, appuyant sur le mot *opinions*, ne veulent
y voir que les vaines productions de la raison livrée à elle-même,
et impuissante, selon eux, à trouver la vérité par ses propres
forces. Ils opposent à la philosophie l'autorité de la tradition et
de la révélation. D'autres encore, ennemis de toute spéculation,
opposant la raison à elle-même, se servent de l'histoire de la philosophie pour démontrer l'autorité exclusive du sentiment, du sens
commun, de la foi intellectuelle. Tel n'est point le but de cette
histoire.

Parlant ensuite du parti que le scepticisme a tiré de l'histoire
de la philosophie pour prouver la vanité de la connaissance
philosophique, l'auteur s'exprime en substance ainsi : « A la vue
de tant d'opinions et de systèmes si divers, on se trouve embar-
rassé; puisque les plus grands génies se sont trompés, comment
tous ne se tromperaient-ils pas? N'est-ce pas là une preuve irré-
cusable que c'est en vain que la philosophie aspire à la vérité?
Ou, dit-on, il y a erreur partout, ou, si une philosophie est la
véritable, à quel caractère la reconnaître? Chacune se donne
pour la vraie, et chacune met en avant un autre *criterium*. Toute
philosophie nouvelle s'élève avec la prétention non-seulement de
réfuter les systèmes antérieurs, mais encore de les remplacer tous
comme ayant enfin trouvé la vérité. Mais, conformément à l'expérience, il se montre bientôt qu'à cette philosophie aussi peuvent

1 *Es giebt keine philosophische Meinungen*, tome I.ᵉʳ, p. 24.
2 *Die Philosophie ist objective Wissenschaft der Wahrheit, wissenschaft-
liche Nothwendigkeit, begreifendes Erkennen*, tome I.ᵉʳ, p. 24.

s'appliquer les paroles de S. Paul à Ananias [1] : « Voici, les pieds
« de ceux qui devront t'ensevelir sont déjà devant la porte. » En
d'autres termes : la philosophie destinée à combattre et à remplacer la vôtre, ne tardera pas à paraître. [2] »

On voit que Hegel ne nie point le fait de la diversité des doctrines philosophiques ; mais il n'admet pas la conséquence qu'on
tire communément de cette diversité, et s'explique sur le fait lui-
même ainsi qu'il suit : « D'abord, quelque divers que soient les
systèmes de philosophie, ils ont au moins cela de commun d'être
de la philosophie. Quiconque, par conséquent, posséderait un
système vraiment philosophique, aurait toujours de la philosophie [3]. Mais il faut aller plus loin, et voir ce que c'est au fond
que cette diversité des doctrines ; il faut montrer que ces variations non-seulement ne prouvent rien contre la possibilité de la
philosophie, mais encore qu'elles ont été nécessaires pour l'existence de la philosophie comme science, qu'elles lui sont essen-
tielles.... Ici nous partons, il est vrai, de la supposition que la
philosophie a pour but de saisir la vérité par la pensée et la notion [4], et non de reconnaître qu'il n'y a pas de connaissance, ou
que la vraie vérité nous échappe, et que la seule vérité qui soit
de notre domaine est temporelle et relative.

« Tout ici, du reste, dépend de bien déterminer ce que nous
appelons *évolution* [5]. Les faits de l'histoire de la philosophie ne
sont pas une suite d'aventures fortuites de chevaliers errans qui

---

1 Nous laissons subsister cette citation des Actes des Apôtres (V., 9) telle
qu'elle est, quoique nous sachions bien que c'est S. Pierre et non S. Paul qui
les a adressées à Saphira, femme d'Ananias.

2 Ouvrage cité, tome I.ᵉʳ, p. 28 et 29.

3 L'auteur rappelle ici une comparaison dont il s'est servi ailleurs, dans
l'*Encyclopédie des sciences philosophiques*, §. 13. Il compare ceux qui ne veulent
voir partout que la diversité, et qui, dans le particulier, refusent de reconnaître le général, à un malade qui, après avoir demandé du *fruit*, refuserait
des cerises, des prunes, etc., sous prétexte que ce sont là des cerises et des
prunes, et non pas du fruit.

4 *Dass die Philosophie das Ziel habe, die Wahrheit denkend, begreifend zu
erfassen.* Ouvrage cité, tome I.ᵉʳ, p. 30.

5 Ce mot, dans le sens de *développement organique par accroissement*, nous
a paru le plus propre à traduire le terme *Entwickelung*.

se battent pour la vérité au hasard, et dont le passage ne laisse point de traces après lui. Dans le mouvement de l'esprit pensant il y a nécessairement un lien et de l'unité. »

Afin de faire comprendre ce qu'il entend par l'histoire de la philosophie, l'auteur s'applique à déterminer ce qu'il appelle développement ou *évolution* et la notion du *concret*, et conclut que la *philosophie est la connaissance de l'évolution du concret.* Tâchons de le suivre dans ces explications, qui seules peuvent nous donner l'intelligence de sa doctrine. Là est toute sa pensée, non-seulement sur l'histoire de la philosophie, mais en quelque sorte sur la philosophie tout entière.

« La vérité est *une*, avons-nous dit; dans un sens plus profond c'est à la fois le point de départ et le but de la philosophie de reconnaître cette vérité *une*, mais de la considérer en même temps comme la source de laquelle découle tout le reste, toutes les lois de la nature, tous les phénomènes de la vie et de la conscience. Pour comprendre ceci, il est nécessaire de bien déterminer les deux notions de l'*évolution* et du *concret*. »

Ici Hegel distingue trois espèces de pensée ou trois produits de la pensée en général : la *pensée*, qu'il appelle formelle, et qui n'est autre chose que la pensée considérée indépendamment de tout contenu; la *notion*, qui est la pensée plus déterminée, et l'*idée* ou la pensée dans sa totalité et tout-à-fait déterminée[1]. L'idée seule est le vrai. Or, il est de la nature de l'*idée* de se *développer*, et de ne devenir que par là ce qu'elle est.

« Pour comprendre ce que c'est que ce développement ou cette *évolution* par laquelle l'idée se produit et s'achève, il faut distinguer deux états : le premier, qui est connu sous le nom de disposition, de virtualité, de puissance, et que j'appelle l'*être en soi*[2]; le second est l'*actualité*, la *réalité*, ou ce que j'appelle l'*être pour*

---

1 *Das Product des Denkens ist GEDACHTES überhaupt : der GEDANKE ist formell; BEGRIFF, der mehr bestimmte Gedanke; IDEE, der Gedanke in seiner Totalität, an und für sich seienden Bestimmung.* Ouvrage cité, p. 33.

2 *Das Ansichseyn, potentia, δύναμις.*

soi [1]. Ainsi l'enfant naissant a la raison virtuellement, en germe, il ne possède encore que la *possibilité réelle* de la raison : il est raisonnable *en soi (an sich)* ; mais ce n'est qu'en se développant qu'il devient *pour soi (für sich)*, ce qu'il n'était d'abord qu'en soi ; il possède alors la raison pour lui, c'est-à-dire actuellement, réellement. Or, considérons ceci de plus près.

« Il résulte de là que ce qui est en soi n'existe pour l'homme qu'autant que cela devient l'objet de sa conscience. Cet objet est ce qu'il est virtuellement ; en le devenant pour soi ou actuellement, il s'est doublé pour ainsi dire ; mais il s'est conservé et n'est pas devenu un autre. L'homme est pensant d'abord, puis il pense la pensée. L'homme, qui est virtuellement doué de raison, est demeuré le même en devenant raisonnable actuellement. Néanmoins la différence entre ce qu'il a été et ce qu'il est, est immense. Il ne s'est pas produit un autre contenu ; mais il s'est opéré dans la forme un changement prodigieux. Là sont fondées toutes les différences qui se trouvent dans l'histoire du monde. Tous les hommes sont raisonnables ; la forme de cette rationnalité est d'être libre : voilà sa nature. Et néanmoins il y a des peuples esclaves et résignés à leur servitude. Ils sont libres *en soi*, virtuellement, mais ils n'existent pas comme libres, ils ne sont pas libres pour soi, *actu*. C'est ainsi que tout effort de connaître et de savoir, toute action n'a d'autre but que de mettre au jour ce qui est caché, de réaliser ou d'actualiser ce qui est virtuellement, d'objectiver ce qui est en soi, de développer ce qui existe en germe.

« Arriver à l'existence, c'est subir un changement, et néanmoins rester le même. Le mode et la suite de l'évolution sont gouvernés par ce qui est en soi [2]. La plante ne se perd pas dans un développement arbitraire. Ce développement est déterminé par le germe. Le germe éprouve le besoin de se développer. Ce besoin tend à l'existence. Il se produit des choses diverses ; mais tout était déjà renfermé dans le germe, quoique invisible et *idéelle-*

1 *Das Fürsichseyn, actus, ἐνέργεια.* Nous prions le lecteur de retenir ces expressions : *an sich seyn, für sich seyn, an und für sich seyn* ; elles sont pour ainsi dire le fond de la langue philosophique de Hegel.

2 *Das Ansich regiert den Verlauf*, tome I.ᵉʳ, p. 34.

ment. Cette production au dehors, cette évolution a un terme, une fin prédéterminée, un dernier point de développement, qui est le fruit, c'est-à-dire la reproduction du germe, le retour à l'état primitif. En définitive le germe n'a voulu que se produire lui-même, retourner à soi. Il est vrai que le sujet qui a commencé et le dernier résultat de son développement, le germe et le fruit, sont deux individus; mais leur contenu est identique.

« Il en est autrement sous le rapport de l'esprit. En lui le commencement et la fin coïncident; ils sont une seule et même nature; ils sont l'un pour l'autre, et par cela même il y a existence pour soi ou actualité. Il n'y a dualité que dans la forme, identité au fond. L'esprit, en se développant, sort de lui, se déploie, et en même temps revient à lui et prend conscience de lui-même. C'est cet acte de venir à soi[1], d'acquérir la conscience de lui-même, que l'on peut considérer comme le but suprême et absolu de l'esprit. Voilà où il tend. Tout ce qui arrive dans le ciel et sur la terre, tout ce qui arrive éternellement, a pour unique fin que l'esprit se reconnaisse, qu'il se trouve, qu'il devienne l'objet de sa propre activité, qu'il *s'actualise*[2]; s'il paraît se doubler, s'aliéner, sortir de lui, c'est uniquement pour se trouver, c'est pour mieux rentrer en lui. C'est par là qu'il est libre. »

Voilà pour la notion du développement ou de l'évolution; voici maintenant comment notre philosophe détermine ce qu'il appelle la notion du *concret*.

« En parlant du développement, on peut demander : qu'est-ce donc qui fait évolution? quel en est le contenu absolu? On se figure ordinairement que l'évolution est une activité sans contenu, une pure abstraction. Mais cette activité est concrète, elle ne diffère point de l'action. La virtualité et l'actualité ne sont que des momens différens de la même activité; l'action est essentiellement *une*, et c'est ce qui constitue le concret. Non-seulement l'action est concrète, mais encore le sujet ou le commencement de l'ac-

---

1 *Diess Zusichselbstkommen*, tome I.ᵉʳ, p. 35.
2 C'est ainsi qu'on peut rendre cette expression : *dass es für sich selber werde* (*qu'il devienne pour soi*), tome I.ᵉʳ, p. 36.

tivité est concret, ainsi que ce qui en est le produit. La marche
du développement en est aussi le contenu, l'idée même.

« C'est un préjugé vulgaire de croire que la science philosophique ne s'occupe que d'abstractions, de vaines généralités; qu'au
contraire l'observation, la conscience psychologique, le sentiment
de la vie est le concret, la réalité. Il est vrai que la philosophie
est circonscrite dans le domaine de la pensée, et par conséquent
s'occupe de généralités; son contenu est abstrait, mais seulement
dans sa forme, dans son élément; l'idée est essentiellement concrète, c'est l'unité diversement déterminée. C'est en cela que
la connaissance rationnelle se distingue de la connaissance de l'entendement[1]. Il appartient à la philosophie de montrer contre
l'entendement que le vrai, l'*idée*, ne consiste pas dans de vaines
généralités, mais dans un général qui est en soi le particulier et
le déterminé. C'est la réflexion de l'entendement qui produit une
théorie tout abstraite; la philosophie ramène au concret, qui seul
est vrai. »

Ce qu'on vient de lire tend à démontrer que les différences
n'existent pas réellement, qu'elles ne sont que des momens de
l'évolution, et qu'une production logique sans réalité.

L'idée étant concrète, son évolution est identique à ce que
l'auteur appelle le mouvement du concret. Ce mouvement n'est
autre chose que le développement par lequel ce qui est *en soi*
ou en puissance, devient *pour soi* ou actuel. Les différences qui
s'observent dans le cours de l'évolution de l'idée ne sont que des
formes nouvelles. « Le concret en soi, virtuel, doit devenir pour
soi, actuel; il est simple et pourtant différent[2]. Cette contradiction intime du concret est le mobile de son développement.
Alors naissent les différences; mais celles-ci à leur tour s'éva-

[1] Pour comprendre ceci, il faut se rappeler la distinction établie ci-dessus
entre la *notion* (der *Begriff*) et l'idée (die *Idee*), et ajouter que la *raison* (die
Vernunft) est ici la faculté des idées; l'*entendement* (der *Verstand*), la faculté
des notions.

[2] C'est-à-dire : il est simple en soi, mais il tend à l'existence, à être pour
soi; et c'est cette tendance qui est le principe de son développement. C'est
ainsi que Schelling admettait une unité absolue qui tend à se développer, qui
a soif de l'existence.

nouissent dans l'unité. Il y a mouvement[1] et repos dans le mouvement. La différence existe à peine, que déjà elle disparaît; et il en procède la pleine et concrète unité. »

Pour rendre plus claire la notion du concret, et l'on ne peut nier qu'elle n'en ait grand besoin, Hegel se sert de quelques exemples. « La fleur, dit-il, malgré ses qualités diverses, est *une*. Aucune de ses qualités ne peut manquer dans aucune de ses feuilles, et chaque partie de la feuille a les mêmes propriétés que la feuille tout entière. C'est ainsi encore que chaque parcelle d'or possède exactement les mêmes qualités que la masse dont elle fait partie. Dans les choses sensibles nous admettons sans peine que des différences se trouvent ainsi réunies; tandis que dans les choses immatérielles l'entendement les oppose les unes aux autres.... Nous disons de l'homme qu'il a la liberté, et à la liberté nous opposons la nécessité. Si l'esprit est libre, dit-on, il n'est point sujet à la nécessité, et réciproquement. L'un exclut l'autre. Ici nous admettons les différences comme s'excluant et ne pouvant être réunies ou *concrètes*. Mais en réalité l'esprit est concret, et ses qualités sont la liberté et la nécessité. Il est libre dans sa nécessité, et ce n'est qu'en elle qu'il trouve sa liberté. Les choses naturelles sont exclusivement dévolues à la nécessité. La liberté sans nécessité est une abstraction, l'arbitraire, une liberté purement formelle. »

Gœthe a dit : « Ce qui a été formé devient toujours la matière d'une formation nouvelle. » Ce principe, Hegel l'applique à sa théorie du développement. « Le fruit du développement est un résultat du mouvement. Mais c'est seulement le résultat d'un degré du développement, et par là-même il devient le commencement, le point de départ d'un second degré. La matière formée devient la matière d'une forme nouvelle. L'esprit entre en lui et fait de lui-même l'objet de sa pensée. Ensuite la notion dans laquelle il s'est saisi, et qui est lui-même, sa forme, son être actuel, il en

---

1 C'est ce mouvement que Hegel, ainsi que M. de Schelling, appelle volontiers le *procès*. Seulement ce qui procède ou se meut chez M. de Schelling, c'est la plénitude absolue; chez Hegel, c'est l'*idée*.

fait de nouveau l'objet de son activité. Ainsi ce qui a été formé antérieurement se transforme encore, se détermine et se précise davantage. L'évolution du concret est une série de développemens qui ne doit pas être représentée comme une ligne droite et se prolongeant indéfiniment, mais comme un cercle qui revient sur lui-même. Ce cercle a pour périphérie un grand nombre de cercles. [1] »

Au moyen de ces explications, que nous avons cru devoir reproduire presque intégralement, parce qu'elles sont fondamentales, l'auteur arrive à cette proposition importante : „La philosophie est la connaissance de l'évolution du concret.» Le développement se fait de lui-même, nécessairement, organiquement, et la philosophie n'en est que la conscience raisonnée et complexe. «Le vrai, dit l'auteur [2], déterminé en soi, éprouve le besoin de se développer. L'*idée*, concrète et se développant, est un système organique, une totalité, qui renferme en soi une grande richesse de degrés et de *momens* [3]. La philosophie n'est autre chose que la connaissance de ce développement, et en tant que pensée méthodique et réfléchie, elle est ce développement lui-même. Plus l'évolution fait de progrès, plus aussi la philosophie s'avance vers la perfection. Plus l'idée se développe, plus elle se précise et se détermine; plus il y a d'extension, plus il y a aussi d'intensité.... Voilà quelle est la philosophie : une même idée règne dans son ensemble et dans toutes ses parties, comme un individu vivant est animé d'un même principe de vie. Toutes les parties qu'on y voit se produire, ainsi que leur systématisation, procèdent de l'idée une et identique. Tous les systèmes particuliers ne sont qu'autant de formes diverses d'une seule et même vie; ils n'ont de réalité que dans cette unité, et leurs différences, leurs déterminations particulières, prises ensemble, ne sont que l'expression des formes renfermées dans l'idée. L'idée est le centre à la fois et la périphérie, la source de la lumière, qui, dans toutes ses

1 Tome I.ᵉʳ, p. 39.
2 *Ibid.*, p. 40.
3 Voir notre note ci-dessus, p. 6.

expansions, ne sort jamais d'elle-même; elle est le système de la nécessité et de sa propre nécessité, qui partant est aussi sa liberté. »

On prévoit sans peine quelle sera l'application de ces principes à l'histoire de la philosophie : il en résulte visiblement l'identité de cette histoire et de la philosophie elle-même. La philosophie, comme son histoire, sera le système se développant. L'histoire n'est que l'évolution progressive et nécessaire de l'idée ou de la pensée dans sa totalité; la philosophie n'est autre chose que la connaissance de cette évolution : la conclusion est facile à tirer. Mais laissons encore ici l'auteur parler lui-même : il s'exprime à cet égard avec une grande énergie et avec assez de clarté, pour ceux du moins qui se seront un peu familiarisés avec sa terminologie.

Voici ce que nous lisons d'abord dans l'*Encyclopédie des sciences philosophiques* [1] : « L'histoire de la philosophie produit les degrés du développement sous la forme d'une succession accidentelle, et de la seule diversité des principes et des systèmes. Mais l'ouvrier de ce travail de quelques milliers d'années est le même esprit vivant, que sa nature pensante porte à se donner la conscience de ce qu'il est, et qui, à mesure qu'un degré de son développement est l'objet de sa pensée, est déjà parvenu à un degré plus élevé. L'histoire de la philosophie montre dans les divers systèmes, une seule et même philosophie à différens degrés de développement, et dans les divers principes qui ont servi à fonder des systèmes, les branches d'un seul et même tout. La philosophie, qui est la dernière dans le temps, est le résultat de toutes les philosophies précédentes, et doit par conséquent renfermer les principes de toutes : elle est donc, si c'est une philosophie véritable, la plus développée, la plus riche et la plus concrète. Ce même développement de la pensée, qui est l'objet de l'histoire de la philosophie, est aussi représenté dans la philosophie même, mais délivré de la contingence historique. La pensée libre et véritable est concrète; elle est *idée*, l'idée dans toute son universalité ou *l'absolu*.... »

[1] Troisième édition, §§. 13 et 14.

Dans les *Leçons sur l'histoire de la philosophie*[1], pour expliquer cette proposition fondamentale de son système, que *la philosophie et son histoire sont identiques au fond* et dans leur marche progressive, Hegel distingue deux modes, non dans le développement lui-même, mais dans son phénomène : « Le développement des divers degrés dans la marche de la pensée, dit-il, peut se faire avec la conscience de la nécessité avec laquelle un degré succède à un autre et en dérive, et par laquelle telle forme seulement peut actuellement se montrer — ou bien il peut avoir lieu sans cette conscience et paraître accidentel, de telle sorte que la notion acquise agisse néanmoins d'après sa nature et produise ses conséquences, mais sans que la liaison soit reconnue et exprimée. C'est ainsi que dans la nature physique les rameaux, les feuilles, les fleurs, le fruit d'une même plante en procèdent, chacun pour soi, tandis que l'*idée intérieure* détermine cette succession. C'est ainsi encore que dans l'enfant toutes les facultés se produisent d'une manière simple et naïve, de sorte que les parens qui, pour la première fois, font une pareille expérience, sont émerveillés de ce prodige, et ne voient dans toute cette suite de phénomènes que la forme de la succession dans le temps. »

Or, ce premier mode de développement, que caractérise la conscience de sa nécessité, est, selon Hegel, l'objet de la philosophie ; le second mode, selon lequel les divers momens de l'évolution se présentent dans le temps, sous forme de faits, arrivés en tels lieux, parmi tels peuples, sous l'empire de telles ou telles circonstances politiques, est le spectacle que nous offre l'histoire de la philosophie.

« D'après cela, continue Hegel, j'affirme que la succession des systèmes de la philosophie dans l'histoire est la même que la succession des déterminations logiques de l'*idée*. J'affirme que, si l'on dépouille les principes fondamentaux des systèmes qui apparaissent dans l'histoire, de tout ce qui concerne leur forme extérieure et leur application au particulier, on reconnaît les

[1] Tome I.ᵉʳ, p. 42.

divers degrés de l'idée logiquement déterminée. Et réciproquement, le mouvement dialectique de l'idée représente les principaux momens du mouvement historique. Il est vrai qu'il faut savoir reconnaître les idées sous les formes que l'histoire leur a données....

« Il résulte de ce que l'on vient de dire, que l'étude de l'histoire de la philosophie est l'étude de la philosophie même. Mais il faut y apporter la connaissance de l'idée, tout aussi bien que pour juger les actions humaines, il faut avoir la notion de ce qui est juste et convenable. Sans cette connaissance, l'histoire de la science philosophique ne présente qu'un amas confus d'opinions. Montrer cette idée et expliquer par elle les faits, tel est l'office de l'historien de la philosophie. »

Après ces notions générales sur les rapports de la philosophie avec son histoire, Hegel passe à l'application de ces idées à l'histoire elle-même. Il revient à la question déjà précédemment soulevée : comment il arrive que la philosophie a une histoire, ou qu'elle apparaît comme se développant dans le temps. Cette question n'en est une que dans le système de Hegel, et voici comment elle est résolue : « La nature est telle qu'elle est, et ses changemens ne sont que des répétitions; son mouvement est un mouvement circulaire. L'être de l'esprit, c'est son action; son action, c'est de se savoir. Je suis immédiatement, mais seulement comme organisme vivant; comme esprit, je ne suis qu'autant que je me sais. Or, cette conscience de moi renferme essentiellement que je suis l'objet de moi-même. C'est en se distinguant ainsi de lui-même que l'esprit arrive à l'existence, il se pose comme hors de soi. Cette extériorité est précisément le caractère général et distinctif de l'existence naturelle, et un des modes de l'extériorité est le temps.

« Cette existence dans le temps est un moment non pas seulement de la conscience individuelle, mais encore de l'évolution de l'idée philosophique dans l'élément de la pensée. L'idée, considérée en repos, dans l'intuition intime, n'est point dans le temps. Mais l'idée, en tant que concrète, comme unité de différences, se développe par la pensée et se pose extérieurement : c'est ainsi que dans l'élément de la pensée la philosophie pure apparaît comme une existence qui se développe dans le temps. Mais cet élément de la pensée ne doit pas être pris seulement comme l'activité d'une conscience individuelle. L'esprit ne se manifeste pas uniquement comme pensée individuelle et finie, mais comme esprit concret et universel[1]. Or, cette *universalité concrète* comprend tous les modes et toutes les faces sous lesquels, conformément à l'idée, l'esprit se devient objet à lui-même. Son développement ne s'opère point dans la pensée d'un individu, ne se représente point dans une conscience individuelle. La richesse de ses formes remplit l'histoire du monde. Dans cette grande et universelle évolution de l'esprit, il arrive donc que telle forme, tel degré de l'idée se manifeste chez tel peuple plutôt que chez tel autre ; de sorte qu'un peuple et un temps donnés n'expriment que cette forme, tandis que le degré supérieur ne se montre que des siècles après et chez une autre nation.[2] »

Ainsi l'esprit pensant se développe nécessairement dans le temps ; il ne se développe tout entier ni dans un individu, ni dans un peuple, ni dans une époque, mais dans l'humanité tout entière. Chaque époque, chaque nation n'en présente qu'un mode, un degré, une forme. Ces modes, ces formes sont variés et divers ; mais ils ne paraissent en contradiction que comparés isolément. Ce développement historique se fait avec une nécessité rationnelle ; et un individu qui aurait vécu depuis l'origine de la philosophie, et qui aurait eu la conscience de tous les progrès successifs de l'esprit se développant à travers les âges, sentirait parfaitement cette nécessité ; il n'aurait abjuré aucune de ses convictions antérieures ; ses idées se seraient transformées et complétées, mais non changées, et elles offriraient à la fin une admirable unité, une harmonie d'élémens variés, mais sans dissonnance. L'esprit

1 Il faut ici se rappeler que Hegel regarde comme une abstraction la pensée individuelle, qui, selon lui, est une partie de l'activité de l'esprit universel, qu'il appelle pour cela *concret*.

2 Même ouvrage, tome I.ᵉʳ, p. 45.

développé n'est que la production au dehors de ce qui était primitivement renfermé en lui, et il ne saurait y avoir de contradiction entre la puissance ou la virtualité et l'actualité rationnelle. « En conséquence de ces notions du concret et du développement, dit notre auteur, la nature de la *variété* prend un tout autre sens; tout ce qu'on a dit des variations de la philosophie, supposant à tort que ce qui est varié a de la consistance, se trouve par là réduit à sa juste valeur; par là s'évanouissent toutes les objections du scepticisme historique.... Ceux qui prennent la variété pour une chose fixe, absolue, en ignorent la nature et la dialectique. La variété n'a rien de stable; elle n'est qu'un moment passager du mouvement de l'évolution. L'idée concrète de la philosophie est l'activité du développement à produire les différences qui y sont virtuellement renfermées. Ces différences qui sont dans l'idée se posent comme pensées; elles se produisent nécessairement l'une ici, l'autre là.... Les différences contiennent l'idée sous une forme particulière. Ces formes sont autant de philosophies. Elles ne sont autre chose que les différences primitives de l'idée; ensemble elles en représentent tout le contenu. Chaque forme est un système; mais les systèmes, après avoir figuré comme indépendans, finissent toujours par ne paraître plus que des momens de transition. A l'expansion succède la contraction, le retour à l'unité. Puis commence une période nouvelle de développement. On pourrait croire que ce progrès est infini; mais nous verrons plus tard qu'il a un terme absolu. Telle est la seule manière convenable de considérer la construction du temple de la raison ayant conscience d'elle-même. Il se construit rationnellement par un architecte intérieur. [1] »

Au fond toute cette doctrine, cette présomption d'un développement rationnel de l'esprit humain à travers tous les accidens de l'histoire, n'est autre chose, selon l'auteur, que la foi en la Providence appliquée à l'histoire de la philosophie. « Ce qu'il y a de plus noble dans le monde, dit Hegel, c'est la pensée. Pourquoi n'y aurait-il de la raison que dans la nature physique, et

1 Même ouvrage, p. 47.

pas aussi bien dans le domaine spirituel? On ne saurait admettre sérieusement un gouvernement providentiel de l'univers, et regarder en même temps les événemens du monde intellectuel, c'est-à-dire les diverses philosophies, comme de purs accidens. » A l'objection contre ce système, tirée de la longueur du temps que met l'esprit à l'élaboration de la philosophie, Hegel répond qu'en effet, au premier abord, cette longueur peut étonner, à peu près comme l'immensité des espaces explorés par l'astronomie ; mais qu'il faut se rappeler que l'esprit universel n'a point à se hâter, qu'il a assez de temps, puisqu'il est éternel. Il lui applique ces paroles que l'Écriture adresse à Dieu : « Mille ans sont devant toi comme un jour. » Qu'il fasse une si grande dépense de générations et de révolutions pour arriver à la pleine conscience de lui-même, cela lui coûte peu. N'est-il pas assez riche de nations et d'individus pour se permettre cette longue et prodigue consommation ? La nature parvient à ses fins par la route la plus prompte, mais l'esprit procède par des voies détournées, par des transitions lentes et insensibles, et se ménage longuement ses progrès[1]. Que si vous insistez dans l'intérêt des générations qui paraissent sacrifiées au développement universel, Hegel répondra qu'à chaque nation peut suffire la forme sous laquelle elle s'élabore sa situation et son univers.[2]

De ces considérations résultent pour l'histoire de la philosophie les conséquences suivantes :

1.° Tout l'ensemble de cette histoire a suivi une marche progressive, rationnelle, nécessaire, déterminée par la puissance de l'esprit, par la virtualité de l'idée. Il n'y a rien de contingent dans le développement historique de la philosophie. Tout système dont la forme n'est pas absolument identique au contenu de l'idée, est passager.

2.° Chaque philosophie a été nécessaire et l'est encore ; nulle n'a péri ; *toutes les philosophies*, comme autant de momens d'un seul tout, sont affirmativement conservées dans *la philosophie*.

1 Même ouvrage, p. 49.
2 Page 47.

Mais il faut distinguer entre le principe particulier de chaque système et son application. Les principes seuls sont conservés; la philosophie la plus récente est le résultat de tous les principes antérieurs, et c'est dans ce sens que nulle philosophie n'a été réfutée. Ce qui a été réfuté, ce n'est pas le principe; mais seulement la prétention de ce principe d'être le dernier, la détermination absolue. C'est ainsi, par exemple, que nous admettons le principe des atomistes, sans être atomistes pour cela : nous ne rejetons le principe que comme unique et absolu. Cette réfutation, du reste, se rencontre dans toute espèce de développement. Ainsi la croissance de l'arbre est la réfutation du germe; les fleurs, la réfutation des feuilles, puisque les feuilles ne sont pas la dernière et véritable existence de l'arbre; les fleurs, enfin, sont réfutées par le fruit : le fruit est le dernier résultat, le résultat absolu; mais, pour qu'il vînt à réalité, tous les phénomènes antérieurs étaient nécessaires.

3.º C'est donc sur les principes surtout que devra se porter l'attention de l'historien de la philosophie. Chaque principe a dominé quelque temps, et a déterminé la forme sous laquelle on a considéré l'univers. Voilà ce qu'on appelle un système. Les systèmes devront nous occuper toutes les fois que les principes auront été assez puissans pour produire une philosophie complète.

4.º Enfin, l'histoire de la philosophie, quoique histoire, n'est pas un passé pour nous. Le contenu de ses annales ce sont les productions scientifiques de la rationalité, et par cela même elles n'ont rien de périssable. Ce que ce champ a produit, c'est la vérité, et la vérité est éternelle et n'existe pas plus dans un temps que dans un autre. Les corps des esprits, héros de cette histoire, leur vie temporelle est passée; mais leurs œuvres, leurs pensées ne les ont pas suivis. Le contenu rationnel de leurs travaux, ils ne l'ont point imaginé, rêvé : la philosophie n'est pas du somnambulisme; leur action, c'est d'avoir produit au jour de la conscience ce qui était caché au fond de l'esprit, d'en avoir converti la substance en savoir : c'est un réveil progressif. Les œuvres des philosophes ne sont pas seulement déposées dans le temple du souvenir; elles doivent encore aujourd'hui nous être aussi présentes et aussi vives que du temps de leur naissance. Les acquisitions de la pensée, imprimées dans la pensée, constituent l'être actuel de l'esprit. Les connaissances ne sont pas de l'érudition seulement; l'objet de l'histoire de la philosophie ne vieillit point : il est présent, actuel, vivant à jamais.

§. IV.

CONTINUATION.

II. RAPPORTS DE LA PHILOSOPHIE AVEC LES AUTRES SCIENCES, ET PARTICULIÈREMENT AVEC LA RELIGION.

Avant de suivre l'auteur dans ses explications sur ce second point de son Introduction, nous croyons utile de rapporter encore quelques-unes de ses dernières observations sur les rapports de la philosophie avec son histoire, ou, pour mieux dire, sur le développement historique de la philosophie.

Comme on l'a vu, la série des systèmes qui se sont succédé représente, vue dans son ensemble, la systématisation de la philosophie elle-même; nous pouvons nous approprier légitimement toutes ces richesses éparses dans l'histoire. L'ordre suivant lequel la pensée s'est développée dans le temps est le même que celui du développement de l'idée. La science est plus concrète que l'intuition; la pensée est plus pauvre, plus abstraite dans l'enfant; plus riche, plus concrète dans l'homme. Il en est de même du progrès historique de la philosophie et du mouvement dialectique de l'idée. Il en résulte d'abord, selon Hegel, que les plus anciennes philosophies sont aussi les plus pauvres et les plus abstraites ou les moins concrètes; que l'idée y est le moins déterminée, et qu'elles ne s'occupent que de généralités; que par conséquent il ne faut pas y chercher des notions qui n'appartiennent qu'à une conscience plus avancée. Il en résulte encore que la philosophie la dernière venue est aussi la plus développée, la plus riche, la plus profonde; qu'elle doit renfermer tout le passé, qu'en elle doit se réfléchir l'histoire tout entière comme dans un miroir fidèle.[1]

Une seconde conséquence qui résulte de ces préliminaires, c'est qu'on jugera mieux les systèmes de l'antiquité; on ne sera plus étonné de n'y pas trouver de ces notions qui pour eux ne pouvaient pas exister encore; on ne leur attribuera pas des assertions qui ne pouvaient y trouver place, des conséquences qui en découlent logiquement, mais auxquelles leurs auteurs n'ont jamais pensé. Dans sa grande Histoire de la philosophie, Brucker cite quelquefois trente à quarante propositions comme appartenant à tel philosophe ancien, à qui elles sont complétement étrangères. Il ne se contente pas de rapporter simplement une pensée antique; il l'accompagne sans scrupule de toutes les prémisses et de toutes les conséquences qui, selon la Métaphysique de Wolf, servaient à fonder cette pensée ou en dérivaient. En donnant ainsi à la philosophie ancienne la forme de la réflexion moderne, l'histoire devient infidèle à sa destination, qui consiste à marquer le progrès du développement de l'esprit, le mouvement naïf de la pensée.

Il importe de n'exposer comme historiques que les propositions réellement émises, et de ne se servir que des propres expressions de leurs auteurs. C'est ainsi, par exemple, qu'Aristote rapporte que Thalès aurait dit que l'eau était le principe (ἀρχή) de toutes choses; et pourtant ce fut Anaximandre qui le premier se servit du mot ἀρχή dans le sens de principe. Thalès ne connaissait ce mot que comme signifiant *commencement dans le temps*, et non comme synonyme de *cause*. L'idée de *cause* même lui est encore étrangère; à plus forte raison celle de *cause première*.[2]

Il résulte enfin de tout cela une troisième conséquence fort importante. «De même, dit Hegel[3], que dans le système logique de la pensée chaque forme a sa place, qui en fait seule la valeur, et que par le développement ultérieur cette forme ne paraît plus que comme un moment; de même chaque philosophie est un

---

1 Leçons sur l'histoire de la philosophie, tome I.er, p. 53-55.
2 Même ouvrage, p. 56-58.
3 *Ibid.*, p. 59.

degré du développement, et n'a de signification, une valeur réelle, qu'à sa place. C'est là qu'il importe de la saisir pour lui rendre justice. Il ne faut pas lui demander plus qu'elle ne peut donner. Il ne faut pas y chercher la satisfaction de besoins nés plus tard, et que ne peut fournir qu'une connaissance plus développée. Il ne faut pas chercher chez les anciens des réponses à des questions actuelles, des solutions que réclament les intérêts du monde moderne. Chaque philosophie, comme expression d'un développement temporaire, appartient à son temps, et se trouve resserrée dans ses limites. L'individu, quelque carrière qu'il se donne, est fils de son peuple, de son siècle; il a beau s'enfler; il ne saurait en dépasser la portée. Il appartient à l'esprit universel, qui est sa substance, son être : comment en sortirait-il? C'est ce même esprit universel qui est réfléchi et exprimé par la philosophie. Elle est la conscience que l'esprit a de lui-même. Chaque philosophie est un anneau de la grande chaîne du développement intellectuel; elle ne peut satisfaire que les intérêts et les besoins du temps auquel elle appartient.

« C'est pour cela qu'un système ancien ne suffit pas à l'esprit plus développé; ce qu'il y trouve fait depuis long-temps partie de sa substance. Il aspire à davantage. Les anciennes philosophies vivent encore dans leurs principes; mais elles ne sont plus en tant que platonisme, aristotélisme, etc. Il ne peut plus y avoir aujourd'hui ni Platoniciens, ni Péripatéticiens, ni Stoïciens, ni Épicuriens. L'esprit ne peut retourner sur ses pas, non plus que l'homme fait ne peut redevenir jeune homme, ou le jeune homme, enfant; bien que l'enfant, le jeune homme et l'homme d'un âge mûr soient le même individu. Lors de la renaissance on prétendit ressusciter les doctrines de l'antiquité classique; Marsiglio Ficino se fit Platonicien; Pomponace, Péripatéticien pur; Gassendi restaura la physique d'Épicure; Juste Lipse se disait Stoïcien. C'était vouloir rendre la vie à des momies. Depuis long-temps l'esprit vivait d'une vie plus substantielle, avait de lui-même une conscience plus profonde et des besoins que nulle de ces philosophies ne pouvait satisfaire. Dans cette époque de transition et de réminiscence on pouvait bien récapituler et remémorer dans une langue morte des principes anciens; mais ces reproductions, sans originalité, ne furent que passagères, et bientôt l'esprit s'engagea dans une voie nouvelle.

« Lorsque, dans ces derniers temps encore, le platonisme a été montré comme un refuge, ce n'a plus été par une docilité naïve comme celle de la renaissance; mais bien par l'effet d'un désespoir semblable à celui qui, pour nous sauver des embarras de la société actuelle, nous conseillerait de retourner à la société, aux idées et aux mœurs des peuplades sauvages et à la religion de Melchisédech.[1] »

C'est donc en vain qu'on s'adresserait aujourd'hui à une philosophie ancienne pour y trouver la paix et la réponse aux questions modernes. Dans l'esprit du temps actuel dorment des idées plus profondes, qui, pour se savoir éveillées, ont besoin d'autres circonstances que celles des temps antiques. L'Athénien, par exemple, se sentait libre; un citoyen romain était né libre et le savait. Mais que l'homme est libre en soi, selon sa nature, qu'il naît libre par cela seul qu'il est homme, voilà ce qu'ignoraient et Platon, et Aristote, et Cicéron et tous les jurisconsultes romains, bien que cette idée soit l'unique source du droit. Ce n'est que dans le principe chrétien que l'esprit personnel, individuel a une valeur infinie, absolue : Dieu veut que tous les hommes soient sauvés. Dans la religion chrétienne s'établit la doctrine généreuse, que devant Dieu tous les hommes sont égaux et libres, que le Christ les a délivrés par la vérité. Ces idées furent un progrès immense; le sentiment de cette liberté avait germé pendant des siècles et produit les plus grandes révolutions; mais la notion, la connaissance que l'homme est libre de sa nature, n'est point si ancienne.[2]

Ainsi les philosophies sont à la fois passées et présentes, abolies et conservées; passées et abolies comme systèmes, présentes

1 Même ouvrage, p. 59-62.
2 Même ouvrage, p. 62-64. — Il suffirait de cette seule citation pour prouver combien est peu fondée l'accusation de servilisme qui a été adressée à cette philosophie.

et conservées dans leurs principes. A peine une philosophie s'est-elle établie que déjà s'en échappe le germe d'une philosophie nouvelle, plus riche, plus profonde, plus étendue. A peine un progrès est-il accompli, que déjà l'esprit se dispose à un nouveau progrès, et à chaque degré d'initiation il aspire à une initiation nouvelle. Ce qui d'abord n'était qu'un vague pressentiment, ou ce qui a déjà puissamment agi comme sentiment, devient peu à peu certitude, connaissance, savoir. Montrer comment les progrès successifs se sont opérés, comment les principes se sont successivement dégagés du fond de l'esprit, à travers quelles révolutions et quelles circonstances l'esprit a pris ainsi possession de lui-même jusqu'au moment actuel, tel sera donc l'objet de l'histoire de la philosophie.

Mais ici il devient nécessaire de déterminer avec précision les limites de cette histoire, et par conséquent les rapports de la philosophie avec les autres parties de la science, et spécialement avec la religion. Quels sont les faits qui ont concouru au développement de l'esprit, et qui par cela même devront être rapportés parallèlement aux faits philosophiques proprement dits? Pour résoudre cette question, il faudra de nouveau revenir sur l'essence de la philosophie, et examiner dans quelles circonstances elle se forme et se développe. C'est sur ce point que nous allons maintenant analyser notre auteur. Cette partie de l'introduction, et c'en est à notre avis la plus intéressante, se divise ainsi qu'il suit :

1. Connexité de l'histoire de la philosophie avec l'histoire en général.

2. Comment la philosophie se sépare des autres sciences et de la religion.

3. Commencemens de la philosophie et de son histoire.

«L'histoire de la philosophie doit nous présenter cette science sous la forme du temps et des individualités d'où est sortie une de ses formations [1]. Elle exclut l'histoire extérieure du temps, et

---

1 *Die Geschichte der Philosophie hat diese Wissenschaft, in der Gestalt der Zeit und der Individualitäten, von welchen ein Gebilde derselben ausgegangen, darzustellen.* Ouvrage cité, p. 64.

se borne à rappeler le caractère du peuple et du siècle, et leur condition générale. Au fond la philosophie d'une époque est elle-même l'expression de ce caractère ; elle est avec le temps et la nation où elle est née, dans le rapport le plus intime. C'est ce rapport qu'il faut avant tout examiner, ce qui nous amènera à déterminer de plus près la philosophie elle-même. »

1. RAPPORT DE L'HISTOIRE DE LA PHILOSOPHIE AVEC L'HISTOIRE EN GÉNÉRAL.

Lorsqu'on se contente de dire que la situation politique, religieuse, etc., exerce une grande influence sur la philosophie, et réciproquement, on semble supposer un rapport purement extérieur entre deux choses qui pourtant se pénètrent intimement, comme deux formes diverses où le même esprit se manifeste et s'exprime.

Hegel expose ici sous l'empire de quelles circonstances historiques la philosophie peut naître et devient un besoin. Pour que la philosophie en général soit possible, il faut un certain degré de culture intellectuelle. « Ce n'est qu'après avoir pourvu aux nécessités de la vie, qu'on a commencé à philosopher, » dit Aristote (Métaphysique, I, 2) ; « car la philosophie, ajoute Hegel, étant une activité libre et désintéressée, il faut que l'esprit se soit assez élevé au-dessus du désir et des passions, pour pouvoir se livrer à des considérations générales. »

Mais bien que la philosophie soit une production nécessaire de l'esprit, cherchant à se comprendre lui-même, elle n'en est pas moins un résultat. Elle naît dans un temps où l'esprit d'une nation s'est dégagé de l'indifférence de la première vie physique, et s'est élevé au-dessus de l'intérêt passionné. Il passe à l'état de réflexion : il met en question le mode actuel de son existence, sa vie morale et sa foi : alors commence une période de désunion et de ruine. « On peut dire que la philosophie naît seulement là où un peuple est sorti de sa vie concrète, lorsque la division s'est glissée dans son sein et qu'il penche vers sa chute ; là où il n'y a plus accord entre la réalité extérieure et les tendances secrètes, lorsque

les institutions religieuses et politiques ne paraissent plus suffi-
santes; lorsque, en un mot, l'esprit n'est plus satifait de son existence
vivante, et qu'une vie morale se dissout. Alors l'esprit se réfugie
dans l'empire de la pensée, et la philosophie devient le remède
au mal que la pensée a produit. [1] »

L'histoire est pleine d'exemples de ce qu'on vient d'avancer.
C'est ainsi qu'à la chute des cités libres d'Ionie s'éleva la philosophie ionienne. Socrate et Platon avaient pris en dégoût la vie
publique d'Athènes, et la philosophie vint s'y établir sur les ruines
de la liberté. Elle ne s'introduisit à Rome que lorsque la vie romaine allait expirer sous le despotisme des empereurs, et ce fut
lors de la décadence de l'empire romain, lorsque toute vie politique s'évanouissait, lorsque les vieilles croyances étaient ébranlées,
que la philosophie ancienne parvint à son plus haut développement dans le néoplatonisme d'Alexandrie. Il en fut de même au
quinzième et au seizième siècle, alors que la vie germanique du
moyen âge prenait une autre forme, et que l'Etat et l'Église
s'étaient divisés.

Toute philosophie est la pensée de son temps. Non-seulement
on commence à philosopher en général dans de certaines circonstances; mais encore, au milieu d'un peuple donné, c'est une
philosophie déterminée et celle-là seule qui s'élève. Cette philosophie est contemporaine d'une manière d'être déterminée de
la nation au sein de laquelle elle apparaît; elle est dans un rapport intime avec sa vie politique et sociale, religieuse et morale,
militaire, scientifique, artistique. Chaque fois l'esprit a élaboré
et appliqué le principe du degré déterminé de sa conscience dans
toutes les directions et sous toutes les faces de l'existence. De
toutes ces faces d'une seule et même organisation, la philosophie
en est une; il y a plus : elle est la plus haute expression de l'esprit
tout entier, la conscience de tout son développement; elle est
l'esprit du temps, se réfléchissant lui-même. L'histoire, les constitutions, l'art, la religion, la philosophie, ont ensemble une seule
et même racine, l'esprit du temps; c'est un seul et même être,

1 Ouvrage cité, p. 66.

un seul et même caractère qui pénètre tout; une seule et même situation dont toutes les parties s'adaptent parfaitement, et dont toutes les faces, quelque variées et quelque accidentelles qu'elles paraissent, n'ont rien qui ne soit analogue à leur base. Montrer comment l'esprit d'un siècle se forme toute sa réalité d'après son principe, ce serait faire l'histoire philosophique universelle. Les seules parties de toute cette organisation qui soient du domaine de l'histoire de la philosophie, sont celles qui expriment le principe de l'esprit dans quelque élément analogue à la philosophie.[1]

Telle est donc la place de la philosophie au milieu des diverses manifestations de l'esprit. Il s'ensuit qu'elle est tout identique avec son temps. Elle n'est au-dessus de son époque que dans la forme, en ce qu'elle en réfléchit l'esprit : c'est l'esprit se sachant lui-même, et ce savoir devient ensuite la cause d'un nouveau progrès, d'un nouveau degré de développement. Ces formes nouvelles ne sont qu'autant de modes du savoir. La philosophie devance la réalité : c'est par là que l'esprit se prépare une existence nouvelle. Nous verrons, par exemple, comment ce qui fut d'abord la philosophie grecque, devint réalité dans le monde chrétien.[2]

2. COMMENT LA PHILOSOPHIE SE SÉPARE DES AUTRES SCIENCES, ET SPÉCIALEMENT DE LA RELIGION.

Il y a un rapport plus intime entre l'histoire de la philosophie et l'histoire des autres sciences, celle des arts et de la religion. Il importe d'en marquer rationnellement les limites respectives. Trois domaines surtout, selon Hegel, doivent être distingués et nettement séparés de la philosophie proprement dite; savoir : la culture intellectuelle en général, la mythologie et la religion, la philosophie populaire.

Rapport de la philosophie avec la culture intellectuelle en général.

Pour ce qui est des sciences particulières, il est vrai que la connaissance et la pensée en sont l'élément, comme elles sont

1 Ouvrage cité, p. 69.
2 *Ibid.*, p. 70.

celui de la philosophie; mais elles ont pour objet le monde fini
et phénoménal, et n'ont rien de commun avec la philosophie,
ni dans le fond, ni dans la forme. Si elles sont systématiques,
et fondées sur des principes et des lois générales, elles se rap-
portent à un cercle d'objets borné. Les principes suprêmes, ainsi
que les objets, sont puisés, soit dans l'expérience extérieure, soit
dans les sentimens du cœur humain. Leur méthode suppose la
logique. Toutefois les formes de la pensée, les points de vue et
les principes qui les fondent et les constituent, ne leur sont pas
exclusivement propres, mais appartiennent à toute la culture intellectuelle d'un temps et d'un peuple. Dans les commencemens
on a confondu toute sorte de science avec la philosophie. Lorsqu'on a recherché les lois générales du monde physique, on a
dit qu'on philosophait : la philosophie ionienne n'est pas autre
chose. On a appelé sages et philosophes, ceux qui ont énoncé des
maximes de conduite et de moralité. Le principe de l'harmonie
trouvé par Pythagore a été représenté comme faisant partie de
sa philosophie. Plus tard, après la renaissance, des maximes générales sur l'Etat, sur d'autres matières encore, furent déclarées,
et décorées du nom de philosophie. Ce qu'on a appelé la philosophie de Newton n'est qu'une physique fondée sur l'observation.
Encore aujourd'hui, en Angleterre, les sciences physiques sont
appelées philosophie, témoin le *Journal philosophique*[1], qui
s'occupe de chimie, d'agriculture, etc. En Allemagne même, où
l'idée de philosophie est depuis long-temps plus déterminée, la
faculté des sciences s'appelle philosophique.

On a appelé philosophie, toute recherche de principes généraux et toute pensée indépendante de l'autorité des doctrines
positives, parce que ces deux caractères, l'universalité des principes et la pensée indépendante, appartiennent également à la
philosophie[2]. Ce qui la caractérise surtout, c'est qu'elle est le
produit de la propre activité de l'esprit; mais ce n'est là qu'un

---

[1] *The philosophical Journal.*
[2] Tome Ier, p. 76. «*Diess Unterschieben eines andern Grundes als den der
Autorität, hat man philosophiren genannt.*»

caractère formel, qui est loin d'épuiser toute la notion de la philosophie.

Rapport de la philosophie avec la religion.

Si la science raisonnée est avec la philosophie dans un rapport de forme, la religion est avec elle dans un rapport de contenu. La première a de commun avec la philosophie la connaissance indépendante; la seconde se rapproche d'elle par son objet. L'objet de la religion est l'infini. L'art et la religion sont les modes sous lesquels l'idée suprême est présente à la conscience du sentiment et de l'intuition. Dans la marche de l'esprit humain la religion précède la philosophie, et cette circonstance sert à marquer le commencement de son histoire.

Dans les religions les peuples ont déposé leurs idées sur l'essence du monde, la substance de la nature et de l'esprit, et sur les rapports de l'humanité avec cette essence. L'être absolu est ici l'objet de leur conscience. Il est d'abord pour eux un *autre*, un *au-delà*[1], qu'ils se représentent tantôt avec les attributs de la bonté, tantôt avec ceux de la terreur. Dans le recueillement de la prière et dans le culte cette opposition n'existe plus, et l'homme s'élève au sentiment de son union avec l'être divin, à la confiance en la grâce de Dieu. Or, cet être divin est en général la raison *en soi et pour soi*, la substance universelle concrète, l'esprit dont le fondement primitif est objectivement dans la conscience[2]; c'est donc une idée dans laquelle non-seulement il y a de la rationalité, mais la rationalité universelle, infinie. La religion est l'œuvre de la raison qui se révèle, c'est ce qu'il y a dans celle-ci de plus élevé, de plus rationnel.

La philosophie a le même objet que la religion, elle a le même contenu; mais la forme sous laquelle ce contenu est présent dans la religion diffère de celle sous laquelle il est dans la philoso-

[1] *Ein Jenseits*, p. 77. Cet adverbe, pris substantivement, désigne souvent le monde surnaturel, et l'ordre éternel opposé au monde matériel et temporel.

[2] « *Diess Wesen ist nun überhaupt die an und für sich seyende Vernunft, die allgemeine concrete Substanz, der Geist, dessen Urgrund, sich objectiv, im Bewustseyn ist.* » P. 77.

phie; cette forme est celle de la connaissance réfléchie, et c'est à cause de cela qu'une histoire de l'une est toute différente d'une histoire de l'autre. Toutefois cette séparation ne saurait être absolue, puisque dans la religion aussi il y a des pensées générales. Il faut considérer de plus près la forme qui distingue les pensées religieuses des pensées philosophiques.

Non-seulement la religion a des pensées générales implicitement renfermées dans ses mythes et dans ses traditions historiques, mais elle en a aussi explicitement sous la forme même de la pensée. C'est ainsi que nous trouvons des idées spéculatives sublimes et très-profondes dans les livres sacrés des Perses et des Indous. Dans ce qu'on appelle la philosophie des Pères et dans la philosophie scolastique, il se rencontre un mélange de théologie et de philosophie qui peut embarrasser l'historien. La question est de savoir d'abord comment la philosophie se distingue de la théologie, et ensuite dans quel sens l'histoire de la philosophie aura à tenir compte de la religion. Et pour cela il est nécessaire de considérer d'une part l'élément mythique et historique de la religion et son rapport avec la philosophie, et d'un autre côté la philosophie même qui est renfermée dans la théologie.

L'élément mythique et historique est intéressant à examiner, parce que, en même temps qu'y éclate l'affinité de la religion avec la philosophie, on y voit aussi la grande différence qui les sépare, et qui semble même accuser une incompatibilité absolue. Il y a dans l'histoire une époque où il s'établit entre la religion positive et la philosophie un véritable antagonisme. Ce conflit est nécessairement du domaine de l'histoire de l'une et de l'autre.

Cette opposition se rencontre déjà chez les Grecs, et plus encore dans l'Église chrétienne. Il faut donc franchement aborder la question, et ne pas craindre de dire toute sa pensée.

Cette question, qui est d'une grande importance, Hegel déclare vouloir la traiter sans réserve et sans détour; il ne craindra pas de dire franchement là-dessus tout ce qu'il pense, parce que son système est merveilleusement propre à concilier ensemble deux intérêts qui ont souvent paru hostiles, et qui se sont mu-

tuellement traités en ennemis. Voici le résumé de cette grave
discussion.

Il pourrait paraître que la religion exige que l'homme renonce
à la philosophie comme à une chose purement humaine[1]. On oppose la raison divine à la raison de l'homme, et, en distinguant
la parole et la loi de Dieu de ce qui est d'invention humaine,
on comprend ordinairement sous cette dénomination tout ce qui
procède de la conscience, de l'intelligence ou de la volonté de
l'homme. On pousse plus loin encore cette dépréciation de ce
qui est humain : on vous enseigne à admirer la grandeur et la
sagesse de Dieu dans la nature, les merveilles de la création, la
magnificence des cieux, le chant des oiseaux, la beauté des fleurs,
l'instinct des animaux; on vous montre la bonté et la justice de
Dieu dans celles des destinées de l'humanité qui n'ont pas leur
source dans la libre volonté et la conscience de l'homme. On
regarde tout comme divin, à l'exception de ce qui est produit
par l'intelligence et la volonté humaines, comme si Dieu n'était
que le modérateur de la nature, et non pas encore celui des
esprits, du monde moral et intellectuel. Cette admiration de Dieu
dans les choses naturelles et ce mépris des productions de l'homme
diffèrent-ils beaucoup de la déification de l'ibis et des chats par
les anciens Égyptiens, ou de la religion des Indous qui honorent
les bœufs et les singes, et leur consacrent des hospices tout en
laissant mourir de faim les hommes leurs frères? N'est-ce pas dire
implicitement que les œuvres naturelles sont seules divines? Mais
la raison devrait avoir au moins une dignité égale à celle de la
nature. Ce serait trop peu. Si la vie des plus vils animaux est
divine, il faut bien que la vie humaine soit divine dans un sens
infiniment plus élevé. Qui pourrait ne pas tout d'abord donner
la prééminence à la pensée de l'homme sur les productions naturelles? On accorde bien que l'homme, image de Dieu, est supérieur
à l'animal et à la plante; alors pourquoi chercher le divin dans

[1] Il y eut en Allemagne un temps où le mot *philosophie* était traduit par
celui de *Weltweisheit*, sagesse du monde, non parce que l'univers en aurait
été l'objet, mais pour la distinguer de la sagesse divinement révélée.

ce qui est inférieur? Jésus-Christ a proclamé cette supériorité (Matth. VI, 26-30), et il a placé la connaissance et la foi dans le témoignage de l'esprit, et non dans l'admiration des créatures naturelles. C'est que l'Être divin se manifeste bien plus dans l'esprit que dans la nature.

La forme sous laquelle le contenu de la religion appartient à la philosophie, est celle de la pensée; dans la religion ce contenu ne s'adresse qu'au sentiment et à l'intuition. Il y a entre la philosophie et la religion la même différence qu'entre être et posséder d'une part et savoir que nous sommes et possédons et comment nous le savons de l'autre. C'est là la grande différence si importante dans l'histoire du développement des individus et des peuples. « Nous sommes hommes et doués de raison; tout ce qui est humain et raisonnable retentit en nous, dans notre sentiment, dans notre ame, dans notre cœur, dans notre subjectivité. C'est par ce mouvement intérieur qu'un contenu en général nous appartient, est à nous. La variété des déterminations qu'il renferme y est concentrée et comme enveloppée : c'est la vie confuse de l'esprit dans sa substantialité générale [1]. Le contenu est ainsi immédiatement identique avec la certitude simple et abstraite de nous-mêmes, avec la conscience du *moi*. Mais l'esprit, parce qu'il est esprit, est aussi essentiellement conscience. Il faut nécessairement que ce contenu compacte et pour ainsi dire condensé se développe, devienne l'objet de l'esprit, arrive à l'état de savoir. Or, c'est dans le mode de cette objectivité et de la conscience qu'est toute la différence. [2] »

« Il y a différens degrés de conscience, depuis l'expression la plus simple du sentiment confus et concentré, jusqu'à la conscience la plus objective, jusqu'à la pensée. L'objectivité formelle la plus simple est de donner un nom à ce sentiment. Dire, par exemple, *prions*, c'est donner une expression au simple souvenir du sentiment, ou à la disposition religieuse qu'il produit en nous. Dire : *pensons à Dieu*, c'est aller plus loin, c'est exprimer le

---

1 *Ein dumpfes Weben des Geistes in sich, in der allgemeinen Substantialität.*
2 Page 84.

contenu absolu et concret du sentiment, c'est distinguer du sentiment ce qui en est l'objet : développer ensuite le contenu de cet
objet, saisir les rapports qui en résultent, les énoncer et les présenter à la conscience, voilà l'origine, la génération, la révélation de la religion. La forme sous laquelle ce contenu développé
prend d'abord de l'objectivité, est celle de l'intuition immédiate,
de la représentation, ou celle d'une représentation plus déterminée
et empruntée aux phénomènes naturels, soit physiques, soit intellectuels. [1] »

« L'art devient le *medium* de cette conscience, en donnant de
la consistance à la lueur fugitive de l'objectivité dans le sentiment. Il donne de la fixité, des traits, un contenu plus déterminé à la pierre informe, au lieu, ou à telle autre chose, à laquelle s'est attaché d'abord le besoin de l'objectivité. C'est par là
que l'art est devenu l'instituteur des nations, comme par exemple
dans Homère et Hésiode, qui, comme dit Hérodote, ont fait la
théogonie des Grecs, en fixant, conformément à l'esprit de leur
peuple, les représentations confuses et les traditions informes par
des images et des idées déterminées [2]. » Hegel distingue, du reste,
deux périodes de l'art. Cet art qui vient ainsi, à une certaine
époque du développement religieux, donner une forme déterminée à des représentations à peine ébauchées, et qui devient
par là le moyen d'un développement ultérieur ; cet art naïf n'est
pas le même que celui qui, comme l'art moderne, s'empare, de
dessein prémédité, d'une religion toute faite, pour en traduire
le contenu dans le marbre, ou sur la toile, ou dans des paroles.
Appliquant ensuite cette doctrine au christianisme, le philosophe
ajoute : « Quoique dans la religion véritable ce soit la pensée
infinie, l'esprit absolu qui s'est révélé et se révèle encore, néanmoins l'organe dans lequel il se manifeste est le cœur, la conscience
représentative et l'intelligence du fini [3]. » Non-seulement la religion

1 Page 84.
2 Page 85.
3 *So ist das Gefäss in welchem es sich kund thut das Herz, das vorstellende
Bewustseyn und der Verstand des Endlichen.* P. 86. Il faut ici se rappeler que
Hegel distingue de l'idée ou de la notion, qui est le produit de la pensée et

s'adressse en général à tout degré de culture — «l'Évangile est prêché aux pauvres » — mais comme religion s'adressant au cœur et à l'ame, elle descend nécessairement dans la sphère de la subjectivité, et par là-même dans le domaine de la représentation finie. Or, dans ce domaine l'homme ne trouve, pour saisir et énoncer la nature et les rapports spéculatifs de l'absolu, que des notions et des rapports finis. Cette forme, du reste, est aussi la seule sous laquelle la religion, comme la révélation immédiate et la plus prochaine de Dieu, devient intelligible à la conscience religieuse.

On prétend que la vérité qui nous est tranmise par la religion, nous est donnée extérieurement; qu'elle est au-dessus de la raison, qui, par elle-même, serait impuissante à la trouver; qu'il faut s'y soumettre en toute humilité. Les vérités de la religion, dit-on, nous sont imposées par quelque prophète, par quelque envoyé du Ciel. Voilà la religion positive.

Sans doute, la vérité — à quelque degré de développement qu'elle soit parvenue — arrive d'abord à l'homme extérieurement, comme un objet représenté d'une manière sensible, ainsi que Moïse vit Dieu dans un buisson ardent, ou comme Phidias tailla Jupiter dans le marbre. Mais la vérité ne doit point persister sous cette forme, ni dans la religion, ni dans la philosophie. L'élément mythologique, ainsi que l'élément historique, doit se spiritualiser. Nous devons reconnaître *Dieu en esprit et en vérité.* Dieu est l'esprit universel, absolu, essentiel. Quant au rapport de l'esprit humain à l'esprit divin, voici comment s'exprime Hegel :

«L'homme doit adopter une religion. Quel est le fondement de sa foi? La religion chrétienne dit : Le témoignage que l'esprit rend de son contenu. Jésus-Christ réprimande les Pharisiens de ce qu'ils invoquent des miracles : l'esprit seul comprend l'esprit. Il n'y a qu'un esprit : l'esprit divin universel. Mais il ne doit pas

qui donne la conscience réfléchie, la simple représentation, qui résulte de l'intuition immédiate et qui constitue la conscience représentative, *das vorstellende Bewusstseyn.*

être conçu comme universel seulement, comme la totalité extérieure de tous les individus, essentiellement individus; mais comme
pénétrant tout, comme l'unité de lui-même, et comme une image
de ce qu'il est dans un *autre* [1], de l'esprit subjectif et individuel....
Il est un autre et lui-même en un seul [2]. Il y a dualisme dans sa
perception; mais l'esprit est l'unité de celui qui est perçu et de
celui qui perçoit. L'esprit divin qui est perçu est l'esprit objectif;
l'esprit subjectif est celui qui perçoit. L'esprit n'est pas pour cela
passif. L'esprit subjectif est actif; mais l'esprit objectif est lui-même
cette activité. L'esprit subjectif, qui sent et perçoit l'esprit divin,
en tant qu'il le sent et le perçoit, est lui-même l'esprit divin. [3]
L'esprit divin vit dans son Eglise, y est présent. Ce sentiment,
cette perception de Dieu, a été appelé la foi. Ce n'est pas là une
foi historique. Nous autres Luthériens — je le suis et veux le
rester — nous n'avons que cette foi primitive. [4] »

Ces idées sur la religion doivent paraître encore peu intelligibles
ici; nous y reviendrons nécessairement plus tard. On voit déjà
comment cette doctrine a pu se faire accuser de panthéisme,
malgré les protestations de l'auteur, qui déclare formellement
que son esprit divin, universel, n'est point la substance unique
de Spinosa. Toute discussion sur ce point serait ici prématurée.
Nous verrons ailleurs aussi quels sont les différens degrés ou
momens que Hegel distingue dans le développement religieux.
Pour le moment il s'agit uniquement de voir quel rapport il établit
entre la religion et la philosophie.

Si nous avons bien compris, la pensée de Hegel est que l'esprit

---

1 *Als die Einheit seiner selbst und eines Scheines seines Andern.* P. 88.

2 *Er ist sein Anderes und er selbst in Einem.*

3 *Der thätige, subjective Geist, der den göttlichen vernimmt, — und in so
fern er den göttlichen vernimmt, — ist der göttliche Geist selber.* P. 89.

4 Il est impossible de rendre en français la fin de ce passage. Il se trouve
qu'en allemand trois verbes, qui signifient *s'engendrer, rendre témoignage de
soi, se montrer,* ont ensemble un rapport de son et peut-être d'étymologie. Hegel
joue sur ces mots pour dire que l'esprit, en rendant témoignage de lui, s'en-
fante, se montre, se manifeste. *Das ZEUGNISS des Geistes vom Inhalt der Religion ist die Religiosität selber; es ist ZEUGNISS das BEZEUGT: dieses ist zugleich
ZEUGEN. Der Geist ZEUGT sich selbst und ist ein ZEUGNISS; er ist nur indem er
sich ZEUGT, sich BEZEUGT und sich ZEIGT, sich manifestirt.* P. 89.

de l'homme est l'esprit universel individualisé; l'esprit divin est l'esprit objectif; l'esprit humain est l'esprit subjectif: ensemble ils sont un même esprit; il n'y a dualisme que dans la perception, mais unité réelle. L'esprit individuel est infini et éternel dans son essence, en soi; mais non dans toute son existence actuelle. Voilà pourquoi il conçoit et représente l'infini sous des formes finies. La religion n'est autre chose que le témoignage que l'esprit rend à soi de lui-même; en d'autres termes, elle est le produit du sentiment ou de la conscience que l'esprit a de son origine, de sa nature divine, de son identité avec l'esprit universel. Cette conscience de lui-même est d'abord enveloppée, un pur sentiment dont l'expression est le culte. Ensuite la conscience se développe, Dieu devient objet : le produit de ce second stade sont les mythologies et tout ce qu'on appelle la partie positive de la religion. Mais s'arrêter à ce second stade, où le Dieu de l'univers est adoré dans le marbre de Phidias, où Jésus-Christ n'est qu'un personnage historique, ce serait mentir contre l'esprit. Il faut s'élever à un troisième, où Dieu soit adoré en esprit et en vérité, et où Jésus-Christ ne soit plus un personnage purement historique, né en Judée, monté au ciel, assis à la droite de son Père; mais où son esprit se conçoive présent à jamais au milieu de son Église. «Celui, dit Hegel, qui ne parle que d'une raison finie, humaine, limitée, ment contre l'esprit; car l'esprit, en tant qu'infini, universel, ayant conscience de lui-même, ne se perçoit pas dans de certaines limites, mais seulement dans sa nature infinie. [1] »

«On dit, continue-t-il, que la philosophie reconnaît l'essence; mais alors le point capital est que l'essence n'est pas une chose qui soit hors de celui dont elle est l'essence. L'essence de mon esprit est dans mon esprit même et non dehors. La loi n'est pas hors de l'individu, mais elle fait la véritable substance même de l'individu. L'essence de mon esprit est ma substance; cette essence est, pour ainsi dire, la matière inflammable que l'Être universel objectif allume, éclaire. Ce n'est qu'à cette condition que l'homme peut sentir et savoir Dieu. [2] »

1 Même ouvrage, p. 91. — 2 Même page.

C'est dans le même sens que l'auteur a dit ailleurs : « La première condition de l'intelligence pour l'esprit, c'est que la substance de ce qu'il doit comprendre soit déjà virtuellement en lui.
Il faut que ce qui s'adresse à lui, pour être reçu, y trouve de l'écho,
lui soit analogue. Tout ce qui n'est pas en lui en puissance ne
saurait y être réellement admis [1]. — Toutefois, ajoute-t-il, de
même que dans un livre, outre son contenu essentiel, il y a encore
plusieurs autres choses, telles que le papier, les lettres, etc.,
de même il y a dans l'esprit individuel encore une grande masse
d'une autre existence, qui n'est que phénoménale. La religion
consiste dans la connaissance plus ou moins explicite de cette
essence ; mais de cette essence il faut distinguer l'individualité
revêtue d'une existence extérieure. [2] »

Pour ce qui est maintenant de la différence de forme du savoir
religieux et du savoir philosophique, identiques quant à leur
objet, on peut dire que les deux stades de la conscience religieuse se trouvent réunis dans la pensée philosophique. Comme
dans le culte, l'esprit veut dans la philosophie s'identifier avec
l'esprit universel, se pénétrer de sa substance, s'unir à lui. Ensuite, et en même temps, ce que la religion représente, comme
objet de la conscience, sous des formes plus ou moins sensibles,
la philosophie le pense, le comprend sous des formes toutes
rationnelles. La philosophie ne dira pas, comme la religion, que
Dieu ait engendré son fils ; mais elle admettra la pensée de ce
rapport. Les deux formes, la forme religieuse et la forme philosophique, ne se sont hostiles qu'en apparence et historiquement.

Leur rapport se présente sous trois phases successives. D'abord
la pensée ne s'exerce que dans les limites de la religion, et alors
elle s'exerce sans liberté et sans ensemble. Ensuite elle se fortifie,
se sent indépendante, s'arroge l'empire, se montre hostile à la
forme religieuse et refuse de s'y reconnaître. Enfin, et c'est là sa
troisième et dernière phase, elle se reconnaît sous cette autre
forme. La philosophie a dû commencer nécessairement par marcher

1 Même ouvrage, p. 86.
2 *Ibid.*, p. 91.

seule, par isoler la pensée de toute croyance populaire, par se regarder comme s'exerçant sur un autre domaine, de telle sorte qu'elle pût subsister à côté de la religion sans se croire en opposition avec elle. Telle elle apparaît d'abord chez les anciens, circonscrite dans la sphère du paganisme hellénique. Ensuite nous la voyons affecter une position indépendante et hostile, s'opposer à la religion publique, jusqu'à ce qu'enfin elle s'applique à en saisir l'esprit et l'essence, et qu'elle s'y retrouve sous une autre forme. Les plus anciens philosophes grecs admettaient pour la plupart la religion dominante, ou du moins ne lui étaient pas opposés et ne réfléchissaient pas sur elle. Et si déjà Xénophane l'attaqua, s'il y eut de bonne heure de soi-disant athées, nous voyons long-temps encore des philosophes grecs très-distingués, tout en se livrant à la plus haute spéculation, adorer les dieux et pratiquer sans hypocrisie toutes les cérémonies du culte. Socrate lui-même ordonna en mourant à ses amis de sacrifier un coq à Esculape. Mais Platon s'emporta contre les poètes et leurs dieux; et ce ne fut que très-tard que les Néoplatoniciens reconnurent le contenu général de la mythologie.

De même, chez les modernes, sous l'empire du christianisme, la pensée se renferma d'abord dans les limites de cette religion. Ensuite nous voyons se former l'opposition entre la foi et la raison, et la pensée s'exercer contre la religion. Maintenant le moment est venu où la philosophie doit se réconcilier avec elle, comprendre et saisir son contenu par la notion spéculative. « La philosophie moderne est née au sein du christianisme, et ne saurait avoir d'autre contenu que l'esprit universel lui-même. S'il se comprend dans la philosophie, il faut aussi qu'il se comprenne sous cette forme qui auparavant lui était hostile. [1] »

C'est ainsi que la religion a un même contenu que la philosophie; les formes seules sont différentes. Mais pour que la philosophie puisse saisir ce contenu, il faut qu'elle soit arrivée à un certain degré de développement. Il n'y a de vrai dans les religions que ce qu'on a appelé les *mystères* : ils en sont la

---

1 Même ouvrage, p. 95.

partie spéculative. Chez les Néoplatoniciens, le verbe μυειν, μυεισθαι, initier, être initié, signifiait s'occuper de choses spéculatives. Les mystères d'Éleusis n'étaient un secret que pour les étrangers. Dans la religion chrétienne les mystères sont les dogmes sur la nature de Dieu. Ils ne sont intelligibles qu'à la raison, faculté de la spéculation que l'entendement n'admet pas, parce qu'il ne connaît que les différences dont le mystère renferme la solution. Le contenu spéculatif est essentiellement concret.

A cette occasion Hegel établit le rapport de la philosophie aux deux systèmes théologiques, opposés l'un à l'autre en Allemagne sous les noms de *rationalisme* et de *supranaturalisme*. Le premier applique le raisonnement ordinaire à la religion, et ne veut admettre que ce qui peut s'expliquer et se démontrer; le second reconnaît la révélation directe et immédiate comme un fait, et son principe est l'autorité de l'Écriture comme parole divine, au-dessus de toute discussion autre que celle de la critique. Selon Hegel, la philosophie diffère du rationalisme au fond et dans la forme; du supranaturalisme dans la forme seulement. «Le rationalisme, dit Hegel, qui en appelle sans cesse à la raison, n'est que de l'entendement [1], et n'a de philosophique que la pensée indépendante. Il n'a rien de commun avec la philosophie par son contenu, puisqu'il a dépeuplé le ciel et rabaissé tout au niveau des choses finies; ni par sa forme, puisque cette forme est le raisonnement et non la compréhension [2]. Le supranaturalisme a perdu tout esprit, toute vie et toute chaleur [3], et repose

[1] Nous rappelons encore une fois que le mot allemand *Verstand*, correspondant à l'anglais *understanding*, au français entendement, signifie tantôt la faculté de se former des notions, de juger et de raisonner avec les matériaux fournis par l'observation, soit externe, soit interne, tantôt le produit de l'exercice de cette faculté, l'intelligence qu'elle donne du monde phénoménal, avec toutes les habitudes intellectuelles qui en résultent. Les philosophes allemands lui opposent volontiers la *raison* (*die Vernunft*), non comme la simple faculté du syllogisme, mais comme puissance supérieure, et spécialement comme faculté de la spéculation philosophique.

[2] Nous prenons ici ce mot comme action de *comprendre* (*intelligere*) pour traduire le mot allemand *begreifen*.

[3] *Er ist ganz geistlos, hölzern geworden.* P. 97.

entièrement sur l'autorité. Tel ne fut point le supranaturalisme des scolastiques. La philosophie ne prétend point prévaloir contre la religion, mais se réconcilier avec elle. Comme pensée intelligente, elle a sur la religion positive l'avantage de la comprendre, de comprendre le rationalisme et le supranaturalisme, et de se comprendre elle-même. La religion, à l'état de simple représentation, n'a point l'intelligence de la philosophie. La religion est la forme de la vérité pour tous les hommes, pour tous les degrés de la conscience. La philosophie en est une autre forme, une forme plus avancée : elle en est la conscience pensante. »

Après avoir exposé la différence qui sépare la philosophie de la religion, il faut encore indiquer quelle sera la part de celle-ci dans l'histoire de la philosophie. La mythologie se présente la première. La fiction arbitraire y a peu de part ; elle est, quant à l'essentiel, le produit de la raison poétique, qui n'a encore à sa disposition que la représentation sensible. Les dieux sont représentés sous la figure humaine. C'est à la réflexion de chercher la pensée qui y est implicitement renfermée. Tel est l'objet de la *Symbolique* de Creuzer ; ainsi en ont agi les Néoplatoniciens. Historiquement parlant, les adversaires de ce procédé ont raison ; mais ils ont tort s'ils nient qu'il y ait là un autre contenu que celui de la lettre. Les mythologies, quelque simples, quelque puériles même qu'elles paraissent, ont leur source dans l'instinct de la raison. [1]

Néanmoins la mythologie doit être exclue de l'histoire de la philosophie, parce que celle-ci ne s'occupe pas de pensées qui ne sont renfermées qu'implicitement sous une enveloppe quelconque, mais de pensées qui ont été formellement énoncées, mises au dehors. Elle ne tient compte de la religion qu'en tant qu'elle a été l'objet de la conscience sous la forme de la pensée.

Il est vrai que dans beaucoup de mythologies les images et les symboles sont aisés à interpréter. Hegel cite comme exemples la religion des anciens Perses, la cosmogonie de Sanchoniathon, celle

[1] C'est dans ce sens que Jean-Paul a dit quelque part : *Les superstitions sont la poésie de la raison.*

de Bérosus. Partout on rencontre un certain mélange de l'image et de la pensée; mais ce mélange est encore en dehors de la philosophie. La mythologie peut aussi avoir la prétention d'être une manière de philosopher. Il y a eu des philosophes qui se sont servis de la forme mythique pour rendre leurs pensées plus sensibles. Mais dans les anciennes fables le mythe n'est pas une simple enveloppe destinée à voiler la pensée. La réflexion peut aujourd'hui en agir ainsi; mais la poésie primitive n'était point un genre opposé à la prose. Lorsque les philosophes ont enfermé leurs idées dans une image, ils avaient conçu la pensée d'abord. Ainsi fit Platon. C'est ainsi encore que Jacobi a philosophé en se servant de la forme chrétienne, et a dit les choses les plus spéculatives. Mais cette forme n'est point celle qui convient à la philosophie : la pensée doit s'y présenter sous sa forme propre. Lorsque la pensée s'est une fois assez fortifiée pour exister dans son propre élément, la fable n'est plus pour elle qu'un ornement superflu, qui d'ailleurs peut entraver la philosophie. La comparaison n'est jamais entièrement conforme à la pensée, et renferme toujours quelque chose de plus. Quiconque a recours au symbole, n'est pas encore tout-à-fait maître de sa pensée.

La méthode de représenter un contenu général par des nombres, des lignes, des figures géométriques, est tout aussi insuffisante, tout aussi peu utile. Elle peut seulement servir à exprimer les déterminations les plus abstraites; lorsqu'elle veut aller au-delà, il y a confusion. La pensée doit se manifester; or, ces symboles abstraits sont plus propres à la cacher qu'à la montrer: elle n'existe qu'autant qu'elle est claire.

Il y a ensuite des pensées profondes et générales dans la religion comme telle, ainsi que dans la poésie. De pareilles pensées sur la nature des choses se rencontrent partout; mais il n'y a philosophie que lorsque la pensée, comme telle, se présente comme le fondement, la racine de tout le reste. La philosophie n'a pas des pensées sur tel ou tel sujet donné; son objet est la pensée même, elle est la pensée de la pensée. Nous pourrions parler d'une philosophie d'Euripide, de Schiller, de Goethe; mais les idées générales qu'on trouve chez eux sur la destination de l'homme, sur la vérité, la vertu, etc., ou ne sont présentées que par occasion, ou n'ont pas la forme qui est propre à la pensée philosophique.

Enfin, nous n'aurons pas davantage à nous occuper de la philosophie que nous voyons s'exercer dans le sein d'une religion. Il se trouve chez les Pères de l'Église et chez les théologiens scolastiques, comme dans les livres sacrés des Indous, des idées spéculatives profondes sur la nature de la divinité. Elles doivent faire partie de l'histoire du dogme, mais non de celle de la philosophie. La philosophie des Pères se compose d'idées platoniciennes et d'idées chrétiennes, et n'a par conséquent d'original que ce mélange. Ensuite ils ne la cultivaient pas pour elle-même, mais dans l'intérêt d'une doctrine positive. De même chez les scolastiques la pensée ne repose pas sur elle-même et n'a pas elle-même pour objet. Leur philosophie est plus indépendante, plus pensée que celle des Pères; mais leur but était de la faire concorder avec les dogmes reçus : ils ne s'appliquaient à prouver que ce que l'Église avait déjà sanctionné.

Comment la philosophie se sépare de la philosophie populaire.

Ce paragraphe de l'Introduction à l'histoire de la philosophie est surtout caractéristique. Ce que l'auteur appelle *philosophie populaire*, n'est pas, comme on pourrait le croire, la pensée du peuple, du grand nombre, laquelle, pour n'avoir pour guide que le bon sens, est le plus souvent d'une grande justesse. Hegel comprend sous ce nom jusqu'à la philosophie de Cicéron et celle de Pascal. Il appelle ainsi toute conviction qui se fonde sur le sentiment, toute philosophie qui en appelle au sens commun, à la conscience universelle.

«Des deux sphères qui ont quelque affinité avec la philosophie, dit Hegel, la première, celle des sciences particulières, a dû être exclue de notre domaine, en ce qu'elle n'embrasse que le monde fini, et qu'elle n'a de commun avec la philosophie que

la forme et non le contenu; la seconde s'en sépare, parce
qu'elle ne s'accorde avec la philosophie que par son objet et son
contenu, mais non par la forme de la pensée. La philosophie
exige la réunion de la forme de l'un et du contenu de l'autre.
La *philosophie populaire* semble aussi les réunir. Elle s'occupe
d'objets généraux, raisonne sur Dieu et l'univers, et la pensée
s'y montre active et indépendante de toute autorité positive. De
ce genre sont les écrits philosophiques de Cicéron. Il a une manière de philosopher qui a son prix; il dit d'excellentes choses.
Il a une riche expérience de la vie et de son ame, et en a tiré
la vérité. Il s'exprime avec esprit sur les plus grands intérêts de
l'humanité, et se fait écouter et applaudir. Les enthousiastes et
les mystiques, d'un autre côté, peuvent être classés dans cette
même catégorie. Ils respirent une vive piété; ils ont l'expérience
des hautes régions; ils expriment le contenu le plus élevé. C'est
ainsi qu'on trouve dans les *Pensées* de Pascal les aperçus les
plus profonds. Mais cette philosophie n'est pas la véritable quant
à sa source. Elle en appelle en dernière instance à la nature de
l'homme, à l'instinct, au sentiment. C'est ainsi qu'elle déduit la
religion d'un sentiment religieux, et ne l'appuie point sur quelque
chose d'objectif : son dernier principe, dit-on, est la conscience
que l'homme a immédiatement de Dieu. Cicéron invoque fréquem-
ment le *consensus gentium;* les modernes y ont renoncé plus ou
moins, et adressent l'individu à lui-même. On commence par
explorer le sentiment, puis viennent des preuves et des raisonnemens; mais on sait que le raisonnement ne peut se fonder en
dernière analyse que sur ce qui est immédiatement donné. Cette
manière de philosopher exige à la vérité une pensée indépendante; mais elle pèche par la source où elle est puisée. Cette
source est de même espèce que celles des sciences d'observation
et de la religion. La source où sont puisées les sciences est la
nature; la source de la religion est l'esprit; mais le contenu est
donné par l'autorité. La source, enfin, de la philosophie populaire sont le cœur, les instincts, les penchans, les dispositions naturelles, le sentiment. Elle est toute d'expérience, toute naturelle.

Le sentiment renferme tout, comme la mythologie; mais non sous la forme véritable. Dans le sentiment, l'arbitraire de la subjectivité est encore mêlé au contenu.[1] »

Il résulte de tout cela que le sentiment, comme la religion, a le même contenu que la philosophie; mais ce contenu y est mêlé de choses étrangères, d'un élément subjectif, qu'il appartient à la philosophie d'en séparer : la philosophie aspire à une connaissance tout objective.

3. COMMENCEMENT DE LA PHILOSOPHIE ET DE SON HISTOIRE.

Si maintenant, après avoir distingué de la philosophie proprement dite toutes les productions analogues de l'esprit humain, nous demandons où commence son histoire, où et sous quelle forme elle naquit elle-même, Hegel nous dira que la philosophie commence là où le *général* est conçu comme l'être qui embrasse tout[2], ou bien là où l'être est conçu d'une manière générale, où se produit la pensée de la pensée. La liberté est la première condition de la pensée philosophique. Elle commence lorsque l'absolu n'est plus une simple *représentation*, mais lorsque la pensée libre en saisit l'*idée*, c'est-à-dire l'être qu'elle reconnaît pour l'essence des choses, comme la totalité absolue et l'essence *immanente* de tout. Ainsi l'être simple que les Juifs se sont représenté comme Dieu, n'est pas un objet de la philosophie, mais bien ces propositions : l'essence ou le principe des choses est l'eau, ou le feu, ou la pensée.

Il y a un rapport intime entre cette liberté de la pensée chez un peuple et sa constitution politique. «Un peuple, dit Hegel, qui a la conscience de la liberté, fonde toute son existence sur ce principe. La législation, tout l'état de la nation, a sa racine uniquement dans l'idée que l'esprit se fait de lui-même, dans les catégories qu'il s'est formées. Si nous disons que, pour que la philosophie puisse se produire, la conscience de la liberté est nécessaire, le peuple chez lequel la philosophie vient à naître doit

1 Page 109-111.
2 *Wo diess allgemeine als das allumfassende Seyende aufgefasst wird.* P. 111.

être en possession de ce principe, et en même temps de la liberté
réelle ou politique. Celle-ci ne commence à s'établir que là où
l'individu se sait comme individu, comme essentiel, comme ayant
une valeur infinie; en d'autres termes, là où le sujet a acquis la
conscience de sa personnalité et prétend à avoir une valeur
absolue. Or, cela implique la libre pensée de l'objet absolu, général, essentiel.... Voilà pourquoi la philosophie ne se montre
que sous l'empire de constitutions libres.[1] » Ce ne sera pas chez
les peuples orientaux qu'elle naîtra. Voici quelques-uns des traits
dont Hegel a peint l'esprit oriental : Pour que la liberté devienne
possible, il faut que l'esprit se sépare de son vouloir naturel,
instinctif; il faut qu'il sorte de son état d'absorption dans la matière. La forme primitive, celle qui précède cette séparation, est
l'unité immédiate de l'esprit avec la nature, unité qui n'est pas
la véritable, précisément parce qu'elle est immédiate[2] : voilà l'être
oriental en général. Lorsque la conscience en est encore à ce
premier degré, la sphère de l'intelligence et de la volonté est
encore bornée. Les fins qu'on se propose n'ont encore rien de
général. Le caractère de l'homme oriental est une volonté finie.
En politique, c'est le despotisme, qui n'admet que des maîtres
et des esclaves. La crainte en est l'unique mobile : celui qui est
gouverné et celui qui gouverne par la crainte, sont placés sur le
même degré. La différence n'est que dans une plus grande énergie
de la volonté. La religion a le même caractère : son caractère
est la crainte du Seigneur. Lorsque l'individu ne se connaît que
comme accidentel, il se sent dépendant de la puissance. Dans
cette disposition de l'esprit, l'infini n'est qu'une pure abstraction.
L'énergie de la volonté n'est que de l'arbitraire. Dans la religion
il y a tour à tour un culte tout sensuel et la plus vide abstraction, la sensualité la plus grossière et l'abnégation la plus absolue.
Ce n'est pas là le sol de la liberté. Le despote y exécute ses
caprices, bons ou mauvais.

1 Page 112-113.
2 La véritable unité est celle qui succède à la séparation ; la pensée ne la
détruit que pour la rétablir.

L'esprit a bien conscience de lui en Orient, mais le sujet ne se connaît point comme personne; il n'a qu'une existence négative, et se sent absorbé dans la substance objective. La félicité éternelle, la béatitude suprême de l'individualité, est représentée comme une absorption dans la substance absolue; c'est l'anéantissement de la conscience et de toute différence entre la substance et l'individu, l'annihilation. En tant que l'homme est loin de cette béatitude, de cette union, il est sans valeur, sans droit, un accident. Ce n'est pas que dans cet état il ne puisse montrer de la noblesse, de la grandeur, de l'élévation dans le caractère; mais tout cela n'existe que comme production naturelle, et non comme effet de la moralité, de la légalité, qui soient les mêmes pour tous, que tous aient à respecter, et dans lesquelles les droits de tous soient reconnus. Il n'y a là ni conscience ni morale, mais seulement un ordre naturel, qui, à côté de la plus haute noblesse, laisse subsister ce qu'il y a de plus abject. [1]

«La conséquence de tout cela, conclut Hegel, c'est que toute connaissance philosophique est impossible dans ces circonstances. Elle suppose le savoir de la substance, du général, de l'objectif, qui, en tant que je le pense et le développe, demeure objectif pour soi; de telle sorte que dans la substance je trouve en même temps la détermination de mon être, que j'y sois affirmativement renfermé; que ce ne soient pas là seulement mes pensées subjectives, de simples opinions, mais que, au même titre que ce sont mes pensées, elles soient aussi des pensées objectives, substantielles. [2] »

La philosophie proprement dite commence en Occident. C'est là seulement que s'élève cette liberté de la conscience de soi, qui succède à la conscience naturelle. Dans l'éclat de l'Orient

1 Même ouvrage, p. 114-116.
2 *Die Folge davon ist, dass hier kein philosophisches Erkennen Statt finden kann. Dazu gehört das Wissen von der Substanz, dem Allgemeinen, das gegenständlich ist, — das, sofern ich es denke und entwickele, gegenständlich für sich bleibt; so dass in dem Substantiellen ich zugleich meine Bestimmung habe, darin affirmativ enthalten bin; — so dass es nicht nur meine subjektiven Bestimmungen, Gedanken (mithin Meinungen) sind, sondern dass eben so als es meine Gedanken sind, es Gedanken des objektiven, substantiellen Gedanken sind.* P. 117.

l'individu disparaît; la lumière devient en Occident éclair de la pensée. En Occident la félicité suprême est déterminée de telle sorte que le sujet y demeure tel et maintient son individualité. L'esprit individuel conçoit son être comme être général. Cette personnalité, cette participation à l'infini du *moi*, constitue l'être de l'esprit. C'est l'être d'un peuple de se savoir libre : c'est là le principe de toute sa vie morale et sociale. En Occident, telle est l'idée que nous nous faisons de notre essence, que la liberté personnelle en est la condition fondamentale. N'être point esclave, voilà notre essence, et cette essence se révèle à nous avec toute la force d'un instinct naturel. La philosophie commence parmi les Grecs, parce que c'est chez eux que se trouve la liberté. Mais cette liberté réelle ne se rencontre en Grèce que sous une forme déterminée et limitée : il y a encore des esclaves. Nous pouvons caractériser par les abstractions suivantes la liberté en Orient, chez les Grecs et dans le monde germanique moderne. En Orient un seul est libre, le despote; en Grèce, quelques-uns seulement sont libres; dans la vie germanique, tous sont libres; l'homme est libre, parce qu'il est homme. En Grèce, quelques-uns sont libres seulement, les Athéniens, les Spartiates; mais non les Messéniens et les Ilotes. Il faut voir quelle est la raison de cette liberté partielle. Elle s'explique par les diverses modifications qu'éprouva la pensée hellénique [1]. Nous arrivons ainsi à traiter de la division de l'histoire de la philosophie.

III. Division, Sources, Méthode de l'histoire de la philosophie.

Une division scientifique doit se présenter comme nécessaire. Au fond il n'y a dans l'histoire de la philosophie que deux époques, la philosophie grecque et la philosophie germanique. Cette dernière est née sous l'influence du christianisme. Toutes les nations chrétiennes de l'Europe qui ont cultivé la science, ont subi l'influence de l'esprit germanique. L'hellénisme se retrouve dans le monde romain. Les Romains n'ont pas produit une phi-

1 Page 117-119.

losophie qui leur soit propre, non plus que des poètes originaux.
Leur religion même est d'origine grecque. Ce qu'elle a de plus
propre, est précisément ce qu'il y a en elle de moins philosophique
et de moins favorable à l'art. Quant à la philosophie germanique-
chrétienne, il faudra distinguer deux époques : celle qui ne fut
qu'une époque de préparation, et celle où cette philosophie se
montre sous son véritable caractère, sous la forme qui lui appartient. Entre les temps anciens et les temps modernes se place
une période moyenne, âge de fermentation et de travail. L'histoire de la philosophie se divise en conséquence en trois périodes :

PREMIÈRE PÉRIODE : Depuis Thalès jusqu'à la philosophie
néoplatonicienne et son développement par Proclus au cinquième
siècle, jusqu'au moment où toute philosophie s'éteint ou se perd
dans le christianisme : cette période embrasse environ mille ans,
sa fin coïncide avec la migration des peuples et la chute de l'empire d'Occident.

SECONDE PÉRIODE : Le moyen âge ; les scolastiques ; la philosophie s'exerçant dans les limites du christianisme. Cette seconde
période embrasse encore un peu plus de mille ans.

TROISIÈME PÉRIODE : La philosophie des temps modernes, se
montrant elle-même, sous sa propre forme, vers l'époque de la
guerre de trente ans, dans Bacon, Jacob Bœhme et Descartes.
On voit que cette philosophie est encore récente.

Quant aux sources, elles sont d'une autre nature que celles de
l'histoire politique. Pour l'histoire de la philosophie ce ne sont
pas les historiens, mais les actions elles-mêmes qui sont sous nos
yeux. Nos sources, ce sont les ouvrages des philosophes ; nous
ne consulterons les historiens que là où les sources premières se
sont perdues.

Hegel cite, comme les ouvrages les plus remarquables sur
l'histoire générale de la philosophie, ceux de Stanley, de Brucker,
de Tiedemann, de Buhle, de Tennemann, et les Abrégés de Fr.
Ast, de Wendt et de Rixner. Quelques-uns des jugemens qu'il
porte à cette occasion ne sont pas sans intérêt.

«L'Histoire de la philosophie de Th. Stanley[1] n'est remarquable que comme premier essai. Elle ne traite que des écoles anciennes, comme d'autant de sectes, et comme s'il n'y en avait pas eu de nouvelles. L'auteur suppose, selon l'esprit de son temps, que la philosophie avait dû cesser avec l'établissement du christianisme. Il distingue entre la vérité produit de la raison naturelle et la vérité révélée, qui rendrait désormais toute philosophie inutile. Il est vrai que lors de la renaissance il n'y avait pas encore de philosophie originale moderne, et du temps de Stanley les systèmes nouveaux étaient trop jeunes encore pour que les vieux érudits daignassent les regarder comme quelque chose d'indépendant.

«La grande Histoire de Brucker est une volumineuse compilation qui n'est pas simplement puisée aux sources : elle est mêlée de réflexions selon la mode du temps. Cette méthode est absolument anti-historique, et pourtant la vérité historique n'est plus indispensable nulle part que dans l'exposé des systèmes de philosophie.»

Le jugement que Hegel porte sur Tiedemann[2], nous a paru dur. «Il traite longuement, mais sans intelligence, de l'histoire politique. Sa diction est guindée et pleine d'affectation. Le tout est un triste exemple qui montre comment un savant professeur peut s'occuper toute sa vie de philosophie spéculative, sans avoir la moindre idée de ce que c'est que la spéculation. Tiedemann extrait les philosophes tant qu'ils raisonnent; mais lorsqu'arrive la spéculation, il a coutume de se fâcher, et déclare tout pour de vaines subtilités. Son mérite est d'avoir fourni des extraits précieux de livres rares du moyen âge, notamment d'ouvrages cabbalistiques et mystiques.

«Dans le grand ouvrage de Buhle[3], la philosophie ancienne

---

1 *The History of Philosophy*. Londres, 1655, fol.; éd. III, 1701, in-4.°

2 *Geist der speculativen Philosophie*, 1791-1797; sept volumes in-8.° — Hegel enveloppe dans le même blâme les *Argumenta* que Tiedemann a placés en tête des Dialogues de Platon, dans l'édition Bipontine.

3 *Lehrbuch der Geschichte der Philosophie und einer kritischen Literatur derselben*. Gœttingue, 1796-1804; huit volumes in-8.° Cet ouvrage ne doit pas être confondu avec l'*Histoire de la philosophie moderne*, précédée d'un abrégé de la Philosophie ancienne, du même auteur, et traduite en français par M. Jourdain. Paris, 1816; six volumes in-8.°

est exposée trop brièvement en proportion du reste. Plus Buhle avance, plus il s'étend. Il a beaucoup de bons extraits d'ouvrages rares, de Jordan Bruno, par exemple.

« Dans l'Histoire de Tennemann [1] les systèmes sont décrits avec de grands détails; la philosophie moderne y est mieux traitée que l'ancienne. C'est que les anciens nous sont plus étrangers par leurs idées que les modernes. On convertit volontiers l'antique en quelque chose qui nous est plus familier. C'est ce qui est arrivé à Tennemann, et ce qui le rend peu utile dans cette partie. Pour Aristote, par exemple, le mésentendu est si grand, que Tennemann lui attribue précisément le contraire de ce qu'il pensait. On serait plus dans le vrai en mettant toujours l'inverse de ce que l'historien donne pour être la pensée du Stagyrite. Par bonheur il a la bonne foi de placer les paroles mêmes d'Aristote sous le texte, de telle sorte qu'on peut facilement se convaincre qu'il y a contradiction entre l'original et le commentaire. Tennemann est d'avis que l'historien de la philosophie ne doit pas avoir de système. Il se vante de n'en avoir pas, et pourtant il se montre pénétré de la philosophie de Kant. Il loue les philosophes, leur génie et leur application; mais il finit toujours par les blâmer d'avoir eu l'unique défaut de n'être pas de l'école de Kant, de n'avoir pas examiné la source de toute connaissance, examen dont le résultat eût été que la vérité ne saurait être reconnue. » [2]

Des trois abrégés cités, Hegel donne le plus d'éloges à celui de Rixner [2]; ce n'est pas qu'il le trouve à l'abri de toute critique. Il le loue surtout d'avoir joint à chaque volume les passages principaux des auteurs.

Il nous reste à transcrire quelques-unes des idées de Hegel sur la méthode à suivre par l'historien de la philosophie. Il n'indiquera de l'histoire extérieure que l'esprit, le principe de chaque époque, et les principaux traits de la vie des philosophes les plus remarquables. Quant aux systèmes, il ne s'occupera que de ceux

[1] *Geschichte der Philosophie*, 1798-1819; onze volumes in-8.°

[2] *Handbuch der Geschichte der Philosophie*, trois vol., 1822-1823; seconde édition, 1829.

dont les principes ont poussé en avant et ont fait faire quelque progrès à la science. Il passera sous silence les destinées ultérieures des doctrines. Il termine par les observations suivantes sur la prétendue impartialité qu'on demande à l'historien de la philosophie. « L'historien, dit-on, ne doit pas avoir de système; il ne doit pas juger les philosophies à la mesure de la sienne; il ne faut donner que des extraits. Sans doute, celui qui n'entend rien à la matière, qui n'a pas de système et ne possède que des connaissances historiques, n'aura pas de peine à être impartial. Il faut d'ailleurs distinguer à cet égard l'histoire de la philosophie de l'histoire politique. Si même dans celle-ci il n'est pas permis de rapporter les événemens à la manière des chroniqueurs, on peut néanmoins les raconter tout objectivement. C'est ainsi qu'Hérodote et Thucydide laissent le monde marcher en toute liberté; ils n'ajoutent aux faits rien qui leur appartienne, et ne jugent pas les actions selon leurs vues personnelles. Mais l'histoire politique elle-même se propose un but. Dans Tite-Live tout est rapporté à la domination romaine. Nous y voyons Rome naître, s'élever, se défendre, établir son empire. De la même manière dans l'histoire de la philosophie le développement de la raison en devient naturellement le but, le point de vue auquel tout se subordonne; ce n'est pas quelque chose d'étranger que nous y mêlions arbitrairement : c'est la matière elle-même qui fournit le but. L'histoire de la philosophie a aussi à rapporter des faits, des actions; mais on ne peut se dispenser du moins de demander ce qui constitue un fait, une action philosophique. Dans l'histoire ordinaire le fait est donné, et il s'agit seulement de voir s'il est important ou non ; dans l'histoire de la philosophie, au contraire, c'est à l'historien à déterminer les faits eux-mêmes. »

Telle est la substance de l'Introduction de Hegel à ses *Leçons sur l'histoire de la philosophie*. Nous n'en avons omis qu'un petit nombre de propositions, que nous n'aurions pu admettre sans les accompagner de trop longues explications. Parmi celles-là même que nous avons rapportées, il en est, nous ne l'ignorons pas, qui n'auront pas paru bien claires à nos lecteurs. Mais nous ne nous proposons autre chose, dans ces premiers paragraphes, que de les initier insensiblement au langage et à l'esprit de cette philosophie.

§. V.

DÉFINITION ET DIVISION DE LA PHILOSOPHIE.

Après avoir exposé les idées de Hegel sur la philosophie en général et sur l'histoire de la science, idées qui nous avaient paru propres à servir d'introduction à son système, nous allons voir maintenant comment il a défini et divisé l'objet de la philosophie. Nous consulterons là-dessus. principalement son *Encyclopédie des sciences philosophiques*, dont il a donné lui-même une troisième édition deux années avant sa mort [1]. Cet ouvrage qui, dans cette nouvelle refonte, a reçu de grands développements, peut être considéré comme la dernière expression de la pensée philosophique de son auteur. Malheureusement, bien qu'il se soit appliqué, comme il l'assure dans la préface, à donner à son style plus de clarté et de précision, ce style est encore d'une concision qui fait souvent regretter au lecteur de n'avoir pas pu entendre les explications orales dont les leçons publiques étaient accompagnées. Toutefois l'introduction à l'Encyclopédie, et c'est elle que nous nous proposons surtout de reproduire ici, est assez explicite : elle suffira pour nous donner une idée sommaire du système. Nous nous contenterons d'indiquer le plan et la marche générale du reste, nous réservant d'exposer les solutions que Hegel a données des principales questions philosophiques d'après les traités spéciaux qu'il a publiés lui-même, ou que ses disciples ont recueillis sous sa dictée.

Avant de montrer comment Hegel a défini la philosophie, il sera bon de rappeler ce qu'il a dit sur la nature des définitions philosophiques. C'est une fausse opinion, selon lui, de croire qu'une définition puisse toujours être claire par elle-même, et qu'elle doive trouver sa raison et sa preuve dans une exposition qui précède, tandis que le sens complet et la preuve véritable de

---

1 *Encyclopädie der philosophischen Wissenschaften im Grundrisse*, troisième édition. Heidelberg, chez Oswald, 1830; LVIII et 600 pages in-8.°

la définition ne sont que dans les développements dont elle n'est que le résumé et la formule la plus générale [1]. Il y a, dit Hegel, en commençant, cette différence entre la philosophie et les autres sciences, que les objets dont elle s'occupe, ainsi que le principe de sa méthode, ne peuvent pas être censés universellement connus et admis. Il est vrai que les objets de la philosophie sont les mêmes que ceux de la religion. D'abord toutes les deux ont pour objet la *Vérité*, ou *Dieu qui seul est la vérité*. Toutes les deux, ensuite, traitent de la nature de l'esprit humain, de leurs rapports réciproques et de leurs rapports avec Dieu, qui est la vérité. Mais la philosophie diffère de la religion, en ce que la première doit démontrer la nécessité de son contenu : elle doit prouver l'existence même de son objet, et ne peut se contenter de la supposer. Le difficile pour elle, c'est de trouver un commencement, un point de départ, tout commencement étant immédiat, reposant sur une hypothèse ou étant lui-même une hypothèse. [2]

Tel est le sens du premier paragraphe de l'Encyclopédie. Il en résulte qu'une définition nette et précise de la philosophie est impossible tout d'abord, ou qu'elle ne s'explique et ne se justifie que par la suite. Il en résulte encore que, si l'on admet que la philosophie doive tout prouver, elle ne peut commencer que par une pétition de principe : c'est l'objection que déjà le scepticisme d'Alexandrie opposait à toute philosophie dogmatique, et qui n'est bonne que contre le dogmatisme qui méprise la critique psychologique.

Toutefois, poursuit Hegel, la philosophie peut être désignée au préalable et en général comme étant l'*examen réfléchi des objets*, ou, pour traduire plus littéralement, la *considération pensante des objets* [3]. Il est inutile de faire observer que ce n'est pas là une définition, mais seulement le caractère général de la philosophie, et l'auteur a soin d'ajouter que la pensée philosophique est d'ailleurs une manière de penser particulière, une forme distincte de la pensée naturelle qui constitue l'être humain,

---

[1] Encyclopédie des sciences philosophiques ; préface, p. ix.
[2] Encyclopédie, §. 1.
[3] *Die denkende Betrachtung der Gegenstände.*

bien qu'il y ait au fond identité entre la pensée philosophique et la pensée ordinaire. [1]

Dans les développemens ajoutés au second paragraphe, Hegel insiste sur cette proposition, devenue triviale, que la pensée est ce qui distingue l'homme des bêtes : il en conclut que tout ce qui est humain le devient par la pensée, et il oppose cette conclusion à ceux qui séparent le sentiment de la pensée, surtout dans les choses religieuses, et considèrent la pensée comme hostile à la religion, oubliant que l'homme seul est susceptible de sentimens religieux, et cela uniquement parce qu'il pense. Il est vrai que ceux qui opposent ainsi le sentiment à la pensée, dans l'intérêt prétendu de la religion, ont en vue la pensée réfléchie[2], qui a la pensée elle-même pour objet. Mais la réflexion ne diffère de la pensée ordinaire que dans la forme, et elle ne saurait être hostile aux productions naturelles de l'intelligence. D'un autre côté on est tombé dans une erreur non moins grave, en supposant que la réflexion ou le raisonnement est l'unique voie pour arriver aux idées de l'éternel et du vrai. C'est à tort qu'on s'est persuadé que les preuves métaphysiques de l'existence de Dieu pouvaient seules en produire la foi et la conviction. Une pareille assertion équivaudrait à celle qui soutiendrait que nous ne pouvons manger sans la connaissance de tous les caractères chimiques ou botaniques des alimens, ni digérer avant d'avoir fait une étude approfondie de l'anatomie et de la physiologie.

Le *contenu* qui remplit notre conscience, dit Hegel ensuite, détermine les sentimens, les images, les représentations, les perceptions, les motifs, les devoirs, les pensées et les notions. Ce sont là autant de formes de ce contenu, qui demeure le même, qu'il soit senti, vu, représenté, pensé ou voulu ; qu'il soit uniquement senti sans mélange de pensée, ou pensé purement, ou enfin que la pensée se mêle au sentiment. Le contenu est l'objet de la conscience sous quelqu'une de ces formes ou sous plusieurs formes mêlées ensemble. Mais toutes ces formes sous lesquelles le

1 Encyclopédie, §. 2.
2 *Das Nachdenken.*

contenu devient l'objet de la conscience, s'ajoutent au contenu, de telle sorte que l'objet toujours identique semble être un autre selon la forme sous laquelle il se présente à la conscience[1]. En tant que les sentimens, les intuitions, les désirs déterminés sont distingués par la conscience et peuvent être appelés des *représentations*, on peut dire en général que la philosophie met à leur place des pensées, des catégories, des notions. On peut avoir des représentations (des idées intuitives) sans en connaître la valeur pour la pensée réfléchie, ou sans en avoir des notions; et réciproquement, autre chose est avoir des notions, et savoir quels sont les perceptions, les intuitions, les sentimens qui y correspondent. La philosophie, selon Hegel, se meut dans la pure région des idées et des notions: elle *repense*, si l'on peut dire ainsi, les produits de la pensée spontanée et irréfléchie: c'est la conscience de la conscience, la pensée de la pensée.

Mais si la philosophie n'est qu'une autre forme de la conscience, elle aura à démontrer et à faire sentir le besoin de la manière de connaître qui lui est propre; quant à la religion ou à la vérité en général, elle devra prouver qu'elle peut la connaître par elle-même, et en tant que les résultats auxquels elle arrive diffèrent des idées religieuses ordinaires, elle devra justifier cette différence.[2]

Selon une vieille maxime[3], pour voir ce qu'il y a de vrai dans les objets et les événemens, ainsi que dans les sentimens, dans les opinions, etc., il faut y *réfléchir*. Cette maxime peut servir à expliquer la différence dont on vient de parler; elle explique aussi cette autre proposition, que le contenu vrai de notre conscience ne s'obtient et ne se montre dans tout son jour que par sa *traduction* sous la forme de la pensée et de la notion.[4]

C'est ainsi que Hegel prépare un des principes fondamentaux de son système; principe fécond, qui a été souvent attaqué et plus

---

1 Encyclopédie, S. 3.
2 Même ouvrage, S. 4.
3 Cette maxime vulgaire, Hegel la qualifie de *préjugé*, non pour la condamner sans doute, puisque toute sa philosophie tend à la prouver; mais parce qu'il la considère comme un jugement anticipé.
4 Encyclopédie, S. 5.

souvent mal compris, ou confondu avec des propositions analogues de la philosophie d'Aristote et de la philosophie du sens
commun. Ce principe, Hegel l'a formulé ainsi dans la préface de
sa *Philosophie du Droit* : CE QUI EST RATIONNEL EST RÉEL, ET CE
QUI EST RÉEL EST RATIONNEL. Dans l'Encyclopédie, il l'a exposé
en ces termes : « D'un autre côté il n'importe pas moins de reconnaître dans l'intérêt de la philosophie que son contenu est le
même que celui qui s'est primitivement produit et se produit
dans le domaine de l'esprit vivant, le contenu de l'esprit devenu
monde, le monde interne et externe de la conscience; en un mot,
que le *contenu de la philosophie est la réalité*. La conscience
immédiate de ce contenu nous l'appelons *expérience*. Une expérience sensée du monde distingue déjà ce qui, dans le vaste domaine de l'existence extérieure et intérieure est purement phénoménal, passager et sans importance, d'avec ce qui mérite
véritablement le nom de *réalité*. Puisque la philosophie ne diffère
de l'autre conscience d'un seul et même contenu que par la forme,
elle doit nécessairement s'accorder avec la réalité et l'expérience.
Cet accord peut même être considéré comme un *criterium* au
moins extérieur de la vérité d'une philosophie; et la fin suprême de la science est de procurer, par la connaissance de cet
accord, la conciliation de la raison qui a conscience d'elle-même
avec la *raison réelle*, avec la réalité.[1] » Mais, ajoute Hegel dans
les développemens, il faut se rappeler qu'en général ce qui existe
est en partie *phénomène*, en partie *réalité*. Selon le sentiment
vulgaire même, une existence contingente ne mérite pas le nom
de réalité, un accident n'ayant d'autre valeur que celle d'une
existence *possible* qui pourrait tout aussi bien n'être pas. Bien
compris, le principe de Hegel, en repoussant l'objection si souvent reproduite contre la philosophie de ne s'occuper que de
chimères, ne renferme rien qui ne puisse se concilier avec les
plus hautes idéalités ou avec la critique des abus et de tous les
vœux légitimes de réforme. Il suffit de voir dans quel ensemble
ce principe se produit, pour se convaincre que la philosophie de

1 Encyclopédie, §. 6.

Hegel n'a pas voulu se mettre au service des intérêts matériels et appuyer de son autorité les abus existans; car si elle proclame rationnelle toute véritable réalité, elle refuse en même temps la réalité à tout ce qui n'est pas rationnel.

La *pensée réfléchie* (*das Nachdenken*), poursuit Hegel, étant le commencement et le caractère général de la philosophie, il est arrivé qu'on a donné ce nom à tout savoir qui avait ce caractère. Comme après avoir recouvré son indépendance au seizième siècle, la pensée s'occupa tout d'abord, non pas seulement d'idées abstraites, mais encore du monde phénoménal, on appela philosophie toute science ayant pour objet la connaissance de ce qu'il y a de général et de fixe dans l'immense variété des existences individuelles, et de ce qu'il y a de nécessaire et d'immuable dans le désordre apparent de la multitude infinie des faits accidentels [1]. Ces sciences prétendues philosophiques, nous les appelons expérimentales, fondées qu'elles sont sur l'expérience; mais ce qu'elles se proposent et produisent d'essentiel, ce sont des lois, des propositions générales, une théorie, les *pensées* de ce qui existe. La Physique de Newton a été appelée *philosophie de la nature*, et la théorie générale que Hugues Grotius a établie par la comparaison des relations historiques des peuples et à l'aide d'un raisonnement vulgaire, a pu être qualifiée de philosophie du Droit public extérieur. En Angleterre le nom de *philosophie* est encore de nos jours pris dans cette acception générale : Newton y est toujours célébré comme le plus grand des philosophes, et les instrumens de physique, le thermomètre, le baromètre, etc., y sont appelés *instrumens philosophiques*.

Mais quelque satisfaisant que soit ce genre de connaissances, il se montre d'abord une autre sphère d'objets qu'elle exclut, la *liberté*, l'*esprit*, *Dieu*. Ces objets ne sont point exclus du domaine des sciences dites expérimentales, comme n'appartenant pas à l'expérience; car s'ils ne tombent pas sous les sens, ils n'en sont pas moins éprouvés dans la conscience; ce qui leur assigne une place à part, c'est que ces objets s'annoncent tout aussitôt

1 Encyclopédie, S. 7.

par leur contenu comme *infinis*[1]. Hegel, rappelant ici le fameux axiome, faussement attribué à Aristote comme exprimant le point de vue de sa philosophie : *Nihil est in intellectu, quod non fuerit in sensu*, déclare que c'est par un mal-entendu que la philosophie spéculative a refusé de l'admettre[2] ; mais il ajoute qu'on peut dire avec une égale vérité : *Nihil est in sensu, quod non fuerit in intellectu*, dans ce sens tout général que le *voῦς*, l'esprit, est la cause du monde, et dans cet autre sens, que le sentiment moral et religieux est le sentiment et l'expérience d'un contenu qui a sa racine et son siége dans la pensée.

Ensuite la raison subjective demande aussi à se satisfaire dans la forme. Cette forme est la nécessité logique. Or, cette nécessité ne se trouve point dans les sciences dites expérimentales, parce qu'elles commencent toutes par des données immédiates, par des suppositions. La pensée ou la réflexion, en tant qu'elle cherche à satisfaire à ce besoin de la raison, est la pensée *spéculative* ou philosophique proprement dite. Outre les formes qui lui sont communes avec la connaissance fondée sur l'observation réfléchie, elle a des formes qui lui sont propres, et dont la plus générale est la *notion* (*der Begriff*) ou l'*idée*. [3]

On voit aussitôt que Hegel entend ici par *notion*, tout autre chose que ce qu'on appelle ordinairement ainsi. Il distingue la *notion* ou l'*idée spéculative* de la notion logique ou de l'idée générale obtenue par la comparaison et l'abstraction. Pour marquer davantage le rapport de la science spéculative ou philosophique avec les autres sciences, il ajoute que celle-là reconnaît et emploie le contenu de celles-ci, tout ce que leur a fourni l'observation, ainsi que leurs idées générales, les lois établies par elles; mais qu'à côté de leurs catégories elle introduit et fait valoir d'autres catégories. C'est dans cette modification des catégories

1 Encyclopédie, §. 8.

2 Il est à remarquer que Hegel prend ici le mot *sensu* dans une acception plus étendue que celle que ce mot a d'ordinaire. Le *sensu* est pour lui non pas seulement la sensation et l'expérience du monde extérieur, mais encore le sens interne, les sentimens, l'expérience de ce qui est en nous.

3 Encyclopédie, §. 9.

que consiste toute la différence. La *logique spéculative*, selon Hegel, et telle qu'il l'a conçue et exécutée, renferme la logique et la métaphysique anciennes, retient les mêmes formes, les mêmes lois et les mêmes objets; mais elle les modifie et les transforme à l'aide de catégories nouvelles. La connaissance philosophique, prise dans ce sens, a besoin de justifier sa propre nécessité et sa prétention de connaître les *objets absolus*. En effet, puisque ses résultats sont les mêmes au fond que ceux de la science expérimentale, à quoi bon cette autre manière de connaître, et comment lui sera-t-il possible de savoir l'infini et l'absolu? C'est ce qu'il est impossible de comprendre et d'expliquer tout d'abord, et ce qui ne se comprend et ne s'explique que dans le cours même de la spéculation. Une explication préliminaire serait peu philosophique, et ne pourrait être qu'une suite de suppositions, d'assertions et de raisonnemens, auxquels on peut opposer au même titre des assertions et des raisonnemens tout contraires.

C'est à cette occasion que Hegel examine et rejette comme inadmissible le point de vue principal de la philosophie critique, qui, avant de se livrer à la spéculation sur Dieu, la nature des choses, etc., soutient qu'il faut au préalable réfléchir sur la faculté de connaître elle-même, afin de voir si cette entreprise n'est pas au-dessus de ses forces; qu'avant de se mettre à l'œuvre, il faut examiner l'instrument dont on prétend se servir. «Cette pensée, dit Hegel, parut si plausible, qu'elle s'attira la plus haute admiration et un assentiment presque universel. Mais si l'on ne veut pas se payer de mots, on se convaincra facilement que, si d'autres instrumens peuvent être soumis à l'épreuve autrement qu'en les appliquant au travail auquel ils sont destinés, il n'en est pas ainsi de l'instrument de la spéculation philosophique, puisque la critique de la faculté de connaître ne peut se faire qu'en *connaissant*. Or, vouloir connaître avant de connaître, est tout aussi absurde que la prudence de cet homme qui se proposait d'apprendre à nager avant de se hasarder dans l'eau. Reinhold, ajoute Hegel, qui sentait l'incongruité de ce procédé, croyait y remédier en proposant de commencer par une spéculation hypothétique et problématique, et de continuer ainsi jusqu'à ce qu'on reconnaisse que cette voie conduit au vrai. »

Bien que nous nous soyons interdit, dans cette partie de notre travail, toute polémique contre le système que nous exposons, nous ne pouvons nous empêcher de faire quelques observations sur la question incidemment soulevée ici par Hegel. Selon lui, toute critique de la raison serait chose absurde, ou du moins sans utilité réelle pour la philosophie spéculative. Cette critique, qui n'a pas été inventée par Kant (il n'a fait que la pousser plus loin que personne avant lui), à laquelle avaient travaillé les Sophistes et Socrate, Platon et Aristote, Descartes et Locke; cette critique, qui sera toujours le commencement de toute bonne philosophie, n'est pas une chose aussi chimérique que Hegel veut bien le dire. Sans doute, examiner si la philosophie est possible, c'est déjà faire de la philosophie; examiner si la raison peut aspirer à la vérité, c'est déjà reconnaître l'autorité de la raison; mais ce n'est pas dire que toute question soit du domaine de la philosophie, ni que la raison puisse arriver à la vérité absolue. Le progrès même de l'esprit philosophique pousse naturellement à la critique, non pas seulement de ses œuvres, mais encore de sa portée, de ses moyens, de sa valeur. C'est un retour que l'esprit humain, après un long exercice de ses forces, fait nécessairement sur lui-même, et plus d'une fois déjà ce retour l'a remis dans la bonne voie, d'où ses audaces l'avaient fait sortir. Cette étude de la raison a eu des résultats d'une utilité qui ne saurait être contestée, et n'a pas seulement fourni des armes redoutables au scepticisme, mais encore des données précieuses à la philosophie affirmative et réelle. N'est-ce pas à elle qu'on doit, par exemple, cette vérité incontestable que toute démonstration suppose en dernière analyse des propositions évidentes par elles-mêmes, expression soit de faits primitifs, soit de vérités nécessaires et immédiates?

Mais nous rentrons dans notre rôle de simple rapporteur.

Que si l'on veut déterminer d'une manière plus précise l'objet de la philosophie, on peut dire, poursuit Hegel, que l'*esprit* qui,

comme sensibilité, a pour objet des choses sensibles, comme
imagination, des images, comme volonté, des fins, etc., éprouve,
en opposition avec ces formes de son existence et de ses objets,
le besoin de satisfaire à ce qu'il y a en lui de plus intime, le
besoin de la pensée, et de faire de la pensée l'objet de sa pensée.
C'est par là que l'esprit rentre en lui-même, dans le sens le plus
profond de cette expression; car son principe, son essence pure
est la pensée. Il est vrai que dans cette opération il arrive que
l'esprit s'engage dans des contradictions; mais un besoin plus
élevé le pousse en avant et au-delà de ce résultat de la pensée
purement logique, afin de trouver dans la pensée même la solution de ses propres contradictions. [1]

Nous avons ici traduit, faute d'une meilleure expression, par
pensée logique ce que l'auteur appelle *das verständige Denken*,
la pensée de l'entendement ou de l'intelligence fondée sur l'expérience. *Der Verstand*, l'entendement, dans ce sens, est tout à
la fois la faculté de concevoir et de former les notions d'après
les données de l'observation, et l'intelligence avec toutes les habitudes logiques qui en résultent. C'est sous cette forme que la
pensée s'engage dans des contradictions, et pour en sortir, elle
a recours, elle *revient* aux solutions que l'esprit trouve dans
d'autres formes de la conscience. Dans ce retour, dit Hegel, il
n'est pas nécessaire de tomber dans cette *misologie* dont parle
Platon, et que la pensée fasse de la polémique contre elle-même,
comme cela a lieu dans la philosophie de Jacobi, qui reconnaît
le savoir immédiat pour la seule forme légitime de la conscience
de la vérité.

La philosophie, née du besoin que nous avons désigné ci-dessus,
a pour point de départ l'*expérience*, la conscience immédiate et
raisonnée [2]. Excitée par cette impulsion, la pensée tend à s'élever
au-dessus de la conscience naturelle, sensible et raisonnée, et en
entrant dans le pur élément d'elle-même, il en résulte qu'elle se
place dans un rapport négatif et de répulsion avec son point de

1 Encyclopédie, §. 11.
2 *Das unmittelbare und raisonnirende Bewusstseyn.*

départ. Elle trouve alors en elle-même, dans l'idée de l'être général, de l'absolu, de Dieu, la satisfaction du besoin qui l'a fait agir. D'un autre côté le savoir expérimental donne naissance au désir de vaincre la forme sous laquelle la richesse de son contenu se présente comme immédiatement trouvée, comme une multiplicité de choses juxtaposées, et par conséquent comme *accidentelle*, et de donner à ce contenu le caractère de la *nécessité*. Ce besoin qu'éprouve la pensée, la fait sortir du repos et de la satisfaction qu'elle avait trouvés dans la contemplation du général et de l'absolu, et la pousse à se développer de son mouvement propre [1]. Ce développement de la pensée n'est d'un côté que la reproduction de son contenu et de ses déterminations, et d'un autre côté donne en même temps à ce contenu la forme de se produire librement *à priori* et avec le caractère de la nécessité logique. [2]

Si nous avons bien interprété ce paragraphe difficile, Hegel a voulu dire que la pensée, nourrie d'abord par l'observation et l'expérience, s'élève jusqu'à l'idée du général et de l'absolu; mais qu'ensuite elle éprouve le besoin de reproduire tout ce qu'elle a conçu dans un ordre rationnel et avec le caractère de la nécessité logique. Elle repense, pour ainsi dire, volontairement et méthodiquement ce que déjà elle a pensé selon les données de l'expérience. Ce qui d'abord s'était présenté à elle comme au hasard et comme imposé, elle s'applique à le reproduire comme système et comme librement émané d'elle; de telle sorte que la connaissance originairement *à posteriori* se montre sous la forme d'une connaissance *à priori*, et que la vérité de fait affecte dans la conscience le caractère de la vérité nécessaire.

«La philosophie, dit Hegel dans la note ajoutée à ce paragraphe, qui doit ainsi son développement aux sciences expérimentales, donne à leur contenu la forme essentielle de la liberté de la pensée, la forme de la pensée *à priori*, et le caractère de la nécessité qui se met à la place du fait imposé à la conscience;

---

1 *Entwicklung von sich aus.*
2 Encyclopédie, S. 12.

de telle sorte que le fait devient l'expression et la reproduction de l'activité primitive et indépendante de la pensée.[1] » C'est ainsi que Hegel revient à cette définition déjà donnée ailleurs, et selon laquelle la philosophie n'est que la conscience raisonnée et complexe du développement de la pensée; elle est ce développement lui-même: elle ne serait donc qu'une analyse d'une synthèse primitive, et la conscience pleine et entière du contenu de cette synthèse. Toute vérité serait virtuellement dans la pensée, dans l'idée fécondée par l'expérience, et l'œuvre de la philosophie est de l'en faire sortir et de nous en procurer la conscience actuelle.

Ici Hegel indique en passant sa vue fondamentale sur l'histoire de la philosophie, qui n'est, selon lui, comme nous l'avons vu précédemment, que le développement même de la pensée sous la forme d'une succession accidentelle et d'une grande diversité de principes isolés, et qui, sous cette apparente diversité, ne nous montre qu'une seule et même philosophie à différents degrés de formation, et des principes particuliers que l'on doit considérer comme autant de branches d'un seul et grand tout. Il est évident que si l'idée renferme virtuellement la vérité, et si la philosophie n'est que le développement de l'idée, toute philosophie doit être vraie, une partie de la vérité, et fausse seulement en tant que, partielle, elle se donnerait pour complète et définitive, ou qu'elle ne serait pas conforme aux lois de la dialectique. Il s'ensuit encore que la dernière philosophie, étant le résultat de toutes les philosophies antérieures, et renfermant par conséquent les principes de toutes celles qui l'ont précédée, doit être la plus développée, la plus riche et la plus concrète.

« Ce même développement de la pensée que représente l'histoire de la philosophie, poursuit Hegel, est aussi présenté dans la philosophie, mais délivré de la contingence historique et dans *le pur élément de la pensée*. La pensée libre et véritable est *concrète* en soi, et c'est ainsi qu'elle est IDÉE, et dans toute son universalité elle est l'IDÉE ou l'ABSOLU. La science de la pensée

---

1 *Dass die Thatsache sur Darstellung und Nachbildung der ursprünglichen und vollkommen selbstständigen Thätigkeit des Denkens werde.*

est essentiellement système, puisque le vrai, considéré comme concret, n'existe qu'en se déployant en soi et avec unité, c'est-à-dire comme *totalité*.[1] »

Ainsi il y a identité entre l'histoire de la philosophie bien interprétée et la philosophie même. L'une et l'autre sont le développement, le déploiement, l'évolution de l'idée concrète ou de l'absolu dans l'esprit humain; il n'y a de différence que dans la forme. La philosophie actuelle, produit de toutes les philosophies antérieures, est le système de tout ce que le long travail de l'esprit a mis au jour depuis des siècles. Elle refait ce travail comme d'elle-même; et ce qui dans l'histoire se présente comme l'œuvre de plusieurs, comme fortuit, comme juxtaposé, se montre ici comme l'ouvrage systématique d'un seul, comme nécessaire, et se déploie comme une production libre et spontanée de la pensée.

Pour expliquer ce qu'il entend par système, l'auteur ajoute : « Philosopher sans système n'a rien de scientifique. Outre qu'une telle philosophie n'exprime que des vues *subjectives*, elle est accidentelle dans son contenu. Un contenu n'a de valeur que comme un moment de l'ensemble; hors de là ce n'est qu'une supposition gratuite ou d'une certitude purement personnelle. D'un autre côté c'est à tort que l'on donne le nom de système à une philosophie fondée sur un principe borné et distinct; le principe d'une philosophie véritable, c'est de renfermer tous les principes particuliers. »

Passant ensuite à la division de la science, Hegel s'exprime ainsi : « Chacune des parties de la philosophie est un tout systématique, une sphère à part; mais l'idée philosophique s'y trouve dans une détermination particulière, dans un élément spécial. Toutefois, précisément parce que chaque cercle est une totalité en soi, il sort des limites de son élément et devient la base d'une sphère plus vaste. Le tout se présente en conséquence comme un cercle de cercles, dont chacun est un anneau nécessaire, de telle sorte que le système de tous leurs éléments respectifs exprime l'idée tout entière, qui en même temps se retrouve dans chacune

---

[1] Encyclopédie, S. 14.

en particulier [1]. Pour être vraie, une partie ne doit pas s'isoler de l'ensemble, mais être elle-même une totalité. Toutes elles ne forment qu'une seule et même science ; mais la philosophie peut aussi être considérée comme un ensemble de plusieurs sciences particulières. »

Du reste, la division de la philosophie ne saurait se justifier tout au commencement, non plus que la définition. De même que l'on ne peut donner tout d'abord de la philosophie une notion préliminaire suffisante, de même la division ne peut se comprendre que par l'ensemble de la science. Comme la définition, la division se fait par anticipation et doit être admise de confiance. On sait que Hegel divise toute la philosophie en trois parties ; savoir :

1.° La *logique* ou la science de l'idée en soi, ou de l'idée pure, de l'idée dans l'élément le plus abstrait de la pensée ;

2.° La *philosophie de la nature* [2] ou la science de l'idée hors d'elle-même, de l'idée dans son reflet, dans la nature, de l'idée comme nature ;

3.° La *philosophie de l'esprit* ou la science de l'idée dans son retour à elle-même.

Nous n'entrerons pas dans le détail de cette division : nous ne pourrions offrir qu'une nomenclature sèche et stérile, sans intérêt et à peu près inintelligible. Il suffira de dire que chacune des trois parties principales est à son tour divisée en trois parties ; que le nombre trois, nombre sacramentel, domine dans toutes ces divisions et subdivisions du système. C'est ainsi que la *logique* est divisée en *théorie de l'être*, *théorie de l'essence* et *théorie de la notion* ; la *philosophie de la nature* se partage en *mécanique*, *physique* et *organique* ; la *philosophie de l'esprit* traite successivement de l'*esprit subjectif*, de l'*esprit objectif* et de l'*esprit absolu*. La doctrine de l'esprit subjectif se compose de l'*anthro-*

---

[1] Encyclopédie, §. 15.

[2] Hegel se sert ici, au §. 18 de l'Encyclopédie, d'une expression intraduisible : *die Wissenschaft der Idee in ihrem Andersseyn*. Mais ailleurs, aux paragraphes 344 et 347, il emploie des termes équivalents et plus faciles à rendre en français.

pologie, de la *phénoménologie de l'esprit* et de la *psychologie*. Celle de l'esprit objectif traite du *droit*, de la *moralité*, des *mœurs*. Enfin celle de l'esprit absolu traite de l'*art*, de la *religion révélée* et de la *philosophie*.

———

Nous terminons ici ces recherches préliminaires. Ce que, malgré tous nos efforts pour les rendre intelligibles, elles renferment encore d'obscur, s'éclaircira peut-être par la suite, par leur application aux questions ordinaires de la philosophie. Il est de la nature de ce système d'être plein dé ténèbres à ses avenues; on ne peut guère y pénétrer qu'en se confiant à la direction de son auteur. Il vous dit : Entrez avec moi, vous y trouverez la vérité. Entrons donc, quelque peu de garantie que semblent offrir les dehors. Ne demandons pas à Hegel un point de départ, un premier point d'appui inébranlable, un commencement, enfin, que tous puissent admettre avec une pleine conviction, il nous dirait : L'objet de la pensée est la pensée, tel est le point de départ de la philosophie; mais cette proposition ne peut se présenter d'abord que comme une supposition que la suite justifiera : elle est le résultat de la science même, son dernier résultat. De sorte que la philosophie revient à son commencement, comme un cercle revient à son point de départ : elle n'a pas un principe comme les autres sciences. Son commencement n'en est un que relativement au sujet qui s'y livre, mais non quant à la science elle-même. Son unique but est précisément de justifier l'idée qu'elle a tout d'abord donnée d'elle-même[1]. Ce serait donc tout aussi vainement que nous demanderions à notre philosophe de prouver au préalable que l'idée est l'absolu, que toute vérité est dans l'idée : il nous adresserait à l'ensemble de son système, qui tout entier tend à démontrer par l'effet qu'il en est ainsi. Quand par le développement dialec-

1 Encyclopédie, §. 17.

tique de l'idée toute la vérité en sera sortie, il sera bien démontré que la plénitude de la vérité y était et y est virtuellement renfermée. C'est en effet par là que se termine la dernière partie du système, intitulée *philosophie*. Le point de départ, la supposition première en est aussi la dernière conclusion.

www.ingramcontent.com/pod-product-compliance
Lightning Source LLC
Chambersburg PA
CBHW052151090426

42741CB00010B/2226